Cukiernicze Arcydzieła

Smakowite Torty i Ciasta

Mateusz Kowalczyk

Treść

Ciasto z musem truskawkowym 11
Dziennik świąteczny 13
wielkanocne ciasto 15
Ciasto wielkanocne Simnel 17
Ciasto Dwunastej Nocy 19
Szarlotka w kuchence mikrofalowej 20
Szarlotka z mikrofali 21
Ciasto jabłkowo-orzechowe z mikrofali 22
Ciasto marchewkowe z mikrofali 23
Ciasto mikrofalowe z marchewką, ananasem i orzechami 24
Przyprawione otręby w kuchence mikrofalowej 26
Sernik z bananem i marakują w kuchence mikrofalowej 27
Sernik pomarańczowy w kuchence mikrofalowej 28
Sernik ananasowy z mikrofali 30
Chleb mikrofalowy z orzechami wiśniowymi 31
Ciasto czekoladowe z kuchenki mikrofalowej 32
Migdałowe ciasto czekoladowe do mikrofalówki 33
Ciasteczka z podwójnymi kawałkami czekolady w kuchence mikrofalowej
.... 35
Batony czekoladowe do kuchenki mikrofalowej 36
Kwadraty czekoladowe do mikrofalówki 37
Szybkie ciasto kawowe z mikrofali 39
Świąteczne ciasto z mikrofali 40
ciasto kruche z kuchenki mikrofalowej 42

Ścieżki danych mikrofalowych 43

Chleb figowy do mikrofalówki 44

klapki mikrofalowe 45

Ciasto owocowe z mikrofali 46

Kwadraty z owocami kokosowymi do mikrofalówki 47

Ciasto czekoladowe z kuchenki mikrofalowej 48

Piernik z mikrofali 49

Paluszki imbirowe do mikrofalówki 50

Złote ciasto z mikrofali 51

Ciasto orzechowo-miodowe w kuchence mikrofalowej 52

Batony musli do żucia, odpowiednie do kuchenki mikrofalowej 53

Ciasto orzechowe z mikrofali 54

Ciasto pomarańczowe z mikrofali 55

Kuchenka mikrofalowa Pavlova 56

babeczka z mikrofali 57

Ciastko truskawkowe z mikrofali 58

ciasto z mikrofali 59

Batony Sultana odpowiednie do kuchenek mikrofalowych 60

Ciasteczka czekoladowe do mikrofalówki 61

Ciasteczka kokosowe do mikrofalówki 62

Florentynki z mikrofali 63

Ciasteczka wiśniowo-orzechowe do mikrofalówki 64

Ciasteczka mikrofalowe Sultana 65

Chleb bananowy do mikrofalówki 66

Chleb serowy z mikrofali 67

Chleb Pekan z Mikrofalówki 68

Ciasto Amaretti bez pieczenia 69

Amerykańskie chrupiące paluszki ryżowe 70

kwadraty morelowe 71

Szwajcarskie ciasto morelowe 72

Zepsute ciasteczka 73

Żadnego pieczenia ciasta maślanego 74

plasterek kasztana 75

ciasto kasztanowe 76

Batony czekoladowe i migdałowe 78

chrupiące ciasto czekoladowe 79

Czekoladowe kwadraty 80

ciasto czekoladowe w lodówce 81

Ciasto czekoladowo-owocowe 82

Czekoladowe Kwadraty Imbirowe 83

Luksusowe czekoladowe kwadraty imbirowe 84

Ciasteczka z kawałkami czekolady miodowej 85

warstwowe ciasto czekoladowe 86

dobre batony czekoladowe 87

Czekoladowe pralinki w kwadratach 88

płatki kokosowe 89

chrupiące paluszki 90

Chipsy kokosowo-rodzynkowe 91

Kwadraty z mlekiem kawowym 92

żadnego pieczenia ciast owocowych 93

kwadraty owocowe 94

Pękają owoce i błonnik 95

ciasto nugatowe 96

Kwadraty mleka i gałki muszkatołowej 97

chrupiące musli 99

Pomarańczowe kwadraty z pianki 100

kwadraty orzechowe 101

Miętowe Ciasta Cukrowe 102

wafle ryżowe 103

Toffi z ryżem i czekoladą 104

pasta migdałowa 105

pasta migdałowa bez cukru 106

lukier królewski 107

lukier bez cukru 108

lukier kremowy 109

lukier maślany 110

Posypka czekoladowa 111

Lukier z białej czekolady 112

Lukier z masłem kawowym 113

Całość posmarowana masłem cytrynowym 114

Krem maślany pomarańczowy 115

Ciasto pomarańczowe i marsala 116

Ciasto Brzoskwiniowo-Gruszkowe 118

wilgotna tarta ananasowa 119

Ciasto Ananasowo Wiśniowe 120

Świąteczne ciasto ananasowe 121

ananas do góry nogami 122

Ciasto ananasowo-orzechowe 123

ciasto malinowe 124

ciasto rabarbarowe 125

Ciasto rabarbarowo-miodowe 126

placek z buraków 127

Ciasto marchewkowo-bananowe 128

Ciasto marchewkowo-jabłkowe 129

Ciasto marchewkowo-cynamonowe 130

Ciasto marchewkowo-cukiniowe 131

ciasto z marchewką i imbirem 132

Ciasto marchewkowo-orzechowe 133

Ciasto marchewkowe, pomarańczowe i orzechowe 134

Ciasto marchewkowo-ananasowo-kokosowe 135

Ciasto marchewkowo-pistacyjne 136

Ciasto marchewkowo-orzechowe 137

Pikantne Ciasto Marchewkowe 138

Ciasto marchewkowo-brązowe 140

Ciasto z cukinii i szpiku 141

Ciasto z cukinii i pomarańczy 142

Pikantne ciasto z cukinii 143

Ciasto dyniowe 145

Ciasto dyniowe z owocami 146

Roladka z przyprawą dyniową 147

Ciasto rabarbarowo-miodowe 149

Ciasto ze słodkich ziemniaków 150

Włoskie ciasto migdałowe 152

Ciasto migdałowe i kawa 153

Ciasto migdałowo-miodowe 154

Ciasto cytrynowo-migdałowe 155

Ciasto migdałowe z pomarańczą 156

bogate ciasto migdałowe 157

Szwedzkie ciasto makaronowe 158

chleb kokosowy 159

ciasto kokosowe 160

złote ciasto kokosowe 161

Ciasto z polewą kokosową 162

Ciasto kokosowo-cytrynowe 163

Noworoczne ciasto kokosowe 164

Ciasto z kokosem i sułtanką 165

chrupiące ciasto orzechowe 166

Mieszane ciasto orzechowe 167

Greckie ciasto orzechowe 168

Tort lodowy z orzechami włoskimi 170

Ciasto orzechowe z kremem czekoladowym 171

Ciasto orzechowe z miodem i cynamonem 172

Batony migdałowo-miodowe 174

Batony z jabłkami i czarną porzeczką 176

Batony morelowe i owsiane 177

morelowy chrupiący 178

Laski bananowe z orzechami 179

Brownie amerykańskie 180

Czekoladowe ciasteczka 181

Brownie czekoladowo-orzechowe 182

Paluszki maślane 183

Taca z wiśniami i karmelem 184

tacka na kawałki czekolady 185

warstwa okruchów cynamonu 186

lepkie laski cynamonu 187

batony kokosowe 188

Paluszki kanapkowe z kokosem i dżemem 189

Blacha do pieczenia daktyli i jabłek 190

plasterki daktyli 191

Babcia randkowa bary 192

Daktyle i batoniki owsiane 193

Batony daktylowe i orzechowe 194

paluszki figowe 195

klapki 196

naleśniki wiśniowe 197

czekoladowy klaps 198

klapsy owocowe 199

Paszteciki owocowo-orzechowe 200

Piernikowe klaskacze 201

Płatki orzechowe 202

Pikantne ciasto cytrynowe 203

Kokosowe kwadraty mokki 204

Witam Ciasteczka Dolly 206

Batony kokosowe z orzechami i czekoladą 207

kwadraty orzechowe 208

Orzechowe plastry pomarańczy 209

Herbatnik 210

batoniki z masłem orzechowym 211

plasterki piknikowe 212

Batony ananasowo-kokosowe 213

śliwkowe ciasto drożdżowe 214

Amerykańskie batoniki dyniowe 216

Ciasto z musem truskawkowym

Na ciasto o średnicy 23 cm / 9 cali

Na ciasto:

100 g / 4 uncje / 1 szklanka samorosnącej mąki

100 g / 4 uncje / ½ szklanki miękkiego masła lub margaryny

100 g / 4 uncje / ½ szklanki cukru pudru (bardzo drobnego)

2 jajka

Dla pianki:

15 ml / 1 łyżka żelatyny w proszku

30 ml / 2 łyżki wody

450 g / 1 funt truskawek

3 jajka, oddzielone

75 g / 3 uncje / 1/3 szklanki drobnego cukru (bardzo drobnego).

5 ml / 1 łyżeczka soku z cytryny

300 ml / ½ punktu / 1¼ szklanki śmietanki podwójnej (ciężkiej)

30 ml / 2 łyżki płatków migdałowych (w plasterkach), lekko przypieczonych

Składniki na ciasto ubić na gładką masę. Wlać do natłuszczonej i wyłożonej papierem formy do ciasta o średnicy 23 cm i piec w nagrzanym piekarniku w temperaturze 190°C/375°F/gaz, stopień 5, przez 25 minut, aż ciasto będzie złocistobrązowe i jędrne w dotyku. Wyjąć z formy i pozostawić do ostygnięcia.

Piankę przygotowujemy posypując w misce żelatynę wodą i zostawiając ją aż stanie się puszysta. Miskę wstaw do garnka z gorącą wodą i poczekaj, aż się rozpuści. Lekko ostudzić. W międzyczasie rozgnieć 350 g truskawek, a następnie przetrzyj je przez durszlak, aby usunąć pestki. Ubij żółtka z cukrem, aż masa będzie jasna i gęsta, a mieszanina spadnie z ubijaka na makaron. Dodać puree, sok z cytryny i żelatynę. Śmietanę ubić na sztywną pianę, następnie dodać jej połowę do masy. Używając czystego miksera i miski, ubij białka na sztywną pianę, a następnie dodaj je do mieszanki.

Przekrój ciasto poziomo na pół i połóż jedną połówkę na dnie czystej tortownicy wyłożonej folią spożywczą. Pozostałe truskawki pokroić i ułożyć na torcie, następnie polać śmietanką smakową i na koniec drugą warstwą ciasta. Naciśnij bardzo delikatnie. Przechowywać w lodówce do momentu zestalenia.

Przed podaniem odwróć gâteau na talerz i usuń folię spożywczą. Udekoruj pozostałą śmietaną i udekoruj migdałami.

Dziennik świąteczny

Zrób jeden

3 jajka

100 g / 4 uncje / ½ szklanki cukru pudru (bardzo drobnego)

100 g / 4 uncje / 1 szklanka mąki zwykłej (uniwersalnej)

50 g startej gładkiej (półsłodkiej) czekolady

15 ml / 1 łyżka gorącej wody

Cukier puder (drobny) do obtaczania

Na lukier (lukier):
175 g / 6 uncji / ¾ szklanki miękkiego masła lub margaryny

350 g / 12 uncji / 2 szklanki cukru pudru (cukierniczego), przesianego

30 ml / 2 łyżki letniej wody

30 ml / 2 łyżki proszku kakaowego (niesłodzonej czekolady) Do dekoracji:

Liście ostrokrzewu i rudzika (opcjonalnie)

Jajka ubić z cukrem w żaroodpornej misce ustawionej nad garnkiem z gotującą się wodą. Kontynuuj ubijanie, aż masa będzie sztywna i będzie spływać pasmami od ubijaka. Zdejmij z ognia i ubijaj, aż ostygnie. Dodajemy połowę mąki, następnie czekoladę, następnie pozostałą mąkę i dodajemy wodę. Wlać do natłuszczonej i wyłożonej papierem formy do muffinów (galaretą muffinową) i piec w nagrzanym piekarniku w temperaturze 220°C/425°F/gaz 7 przez około 10 minut, aż masa będzie twarda w dotyku. Duży arkusz papieru do pieczenia (woskowego) posyp cukrem pudrem. Wyjmij ciasto z formy na papier i przytnij brzegi. Przykryj drugą kartką papieru i luźno zwiń od krótszego brzegu.

Lukier przygotowujemy mieszając masło lub margarynę z cukrem pudrem, następnie dodając wodę i kakao. Wystudzone ciasto rozwałkować, zdjąć papier i posmarować połową lukru. Zwiń ponownie, posmaruj resztą lukru i nakłuj widelcem tak, aby przypominał kłodę. Posypujemy wierzch odrobiną cukru pudru i dekorujemy według uznania.

wielkanocne ciasto

Na ciasto o średnicy 20 cm / 8 cali

75 g / 3 uncje / 1/3 szklanki brązowego cukru

3 jajka

75 g / 3 uncje / ¾ szklanki mąki samorosnącej

15 ml / 1 łyżka kakao w proszku (niesłodzona czekolada)

15 ml / 1 łyżka ciepłej wody

Do wypełnienia:
50 g / 2 uncje / ¼ szklanki miękkiego masła lub margaryny

75 g / 3 uncje / ½ szklanki cukru pudru (cukierniczego), przesianego

Do dressingu:
100 g / 4 uncje / 1 szklanka gładkiej (półsłodkiej) czekolady

25 g / 1 uncja / 2 łyżki masła lub margaryny

Wstążka lub kwiaty cukrowe (opcjonalnie)

W żaroodpornej misce ustawionej nad garnkiem z gotującą się wodą wymieszaj cukier i jajka. Kontynuuj ubijanie, aż mieszanina będzie gęsta i kremowa. Odstaw na kilka minut, następnie zdejmij z ognia i ponownie wymieszaj, aż mieszanina pozostawi ślad po zdjęciu trzepaczki. Dodajemy mąkę i kakao, następnie dodajemy wodę. Wlać mieszaninę do natłuszczonej i wyłożonej papierem formy do ciasta o średnicy 20 cm/8 oraz do natłuszczonej i wyłożonej papierem formy o średnicy 15 cm/6. Piec w piekarniku nagrzanym do 200°C/400°F/stopień gazu 6 przez 15 do 20 minut, aż dobrze wyrośnie i będzie twarde w dotyku. Studzimy na metalowej kratce.

Aby przygotować nadzienie, utrzyj margarynę i cukier puder. Użyj go, aby ułożyć mniejsze ciasto na większym.

Aby przygotować lukier, rozpuść czekoladę i masło lub margarynę w żaroodpornej misce ustawionej nad garnkiem z gotującą się wodą. Polewą polej ciasto i rozprowadź je nożem zamoczonym w gorącej wodzie, tak aby całkowicie je przykryło. Udekoruj krawędź wstążką lub cukrowymi kwiatami.

Ciasto wielkanocne Simnel

Na ciasto o średnicy 20 cm / 8 cali

225 g / 8 uncji / 1 szklanka miękkiego masła lub margaryny

225 g / 8 uncji / 1 szklanka miękkiego brązowego cukru

otarta skórka z 1 cytryny

4 ubite jajka

225 g / 8 uncji / 2 szklanki mąki zwykłej (uniwersalnej)

5 ml / 1 łyżeczka proszku do pieczenia

2,5 ml / ½ łyżeczki startej gałki muszkatołowej

50 g / 2 uncje / ½ szklanki mąki kukurydzianej (skrobi kukurydzianej)

100 g / 4 uncje / 2/3 szklanki sułtanek (złotych rodzynek)

100 g / 4 uncje / 2/3 szklanki rodzynek

75 g porzeczek

100 g / 4 uncje / ½ szklanki glazurowanych (kandowanych) wiśni, posiekanych

25 g / 1 uncja / ¼ szklanki mielonych migdałów

450 g / 1 funt pasty migdałowej

30 ml / 2 łyżki dżemu morelowego (rezerwa)

1 ubite białko

Masło lub margarynę utrzeć z cukrem i skórką cytrynową na jasną i puszystą masę. Stopniowo ubijaj jajka, następnie dodaj mąkę, proszek do pieczenia, gałkę muszkatołową i mąkę kukurydzianą. Dodaj owoce i migdały. Wlać połowę mieszanki do głęboko natłuszczonej i wyłożonej wykładziną tortownicy o średnicy 8 cali. Rozwałkuj połowę pasty migdałowej na okrąg wielkości ciasta i połóż na wierzchu mieszanki. Wypełnij pozostałą mieszanką i piecz w nagrzanym piekarniku w temperaturze 160°C/325°F/gaz, stopień 3, przez 2-2,5 godziny, aż ciasto będzie złociste. Pozostawić do ostygnięcia w formie. Po ostygnięciu rozpakuj i zawiń w woskowany papier. Jeśli to możliwe, przechowuj w szczelnym pojemniku przez okres do trzech tygodni.

Na zakończenie ciasta posmaruj wierzch marmoladą. Rozwałkuj trzy czwarte pozostałej pasty migdałowej na okrąg o średnicy 20 cm, odetnij brzegi i połóż na wierzchu ciasta. Z pozostałej pasty migdałowej uformuj 11 kulek (aby reprezentowały uczniów bez Judasza). Posmaruj wierzch ciasta roztrzepanym białkiem, a brzegi ciasta posmaruj kulkami, a następnie posmaruj białkiem. Umieścić na rozgrzanym grillu (brojler) na około minutę, aż się lekko zarumieni.

Ciasto Dwunastej Nocy

Na ciasto o średnicy 20 cm / 8 cali

225 g / 8 uncji / 1 szklanka miękkiego masła lub margaryny

225 g / 8 uncji / 1 szklanka miękkiego brązowego cukru

4 ubite jajka

225 g / 8 uncji / 2 szklanki mąki zwykłej (uniwersalnej)

5 ml / 1 łyżeczka mieszanki przypraw mielonych (szarlotka)

175 g / 6 uncji / 1 szklanka sułtanek (złotych rodzynek)

100 g / 4 uncje / 2/3 szklanki rodzynek

75 g porzeczek

50 g / 2 uncje / ¼ szklanki glazurowanych wiśni (kandyzowanych)

50 g / 2 uncje / 1/3 szklanki posiekanej mieszanej (kandyzowanej) skórki

30 ml / 2 łyżki mleka

12 świec do dekoracji

Masło lub margarynę utrzeć z cukrem, aż masa będzie jasna i puszysta. Stopniowo wbijaj jajka, następnie dodaj mąkę, wymieszane przyprawy, owoce i skórkę i mieszaj, aż składniki się dobrze połączą, w razie potrzeby dodając trochę mleka, aby uzyskać gładką masę. Umieścić w natłuszczonej i wyłożonej papierem formie o średnicy 20 cm i piec w nagrzanym piekarniku w temperaturze 180°C / 350°F / gaz 4 przez 2 godziny, aż wykałaczka włożona w środek będzie czysta. Licencja

Szarlotka w kuchence mikrofalowej

Na jeden kwadrat o boku 23 cm / 9

100 g / 4 uncje / ½ szklanki miękkiego masła lub margaryny

100 g / 4 uncje / ½ szklanki miękkiego brązowego cukru

30 ml / 2 łyżki golden syropu (jasna kukurydza)

2 jajka, lekko ubite

225 g / 8 uncji / 2 szklanki mąki samorosnącej (drożdżowej)

10 ml / 2 łyżeczki mieszanki przypraw mielonych (szarlotka)

120 ml / 4 uncje / ½ szklanki mleka

2 ugotowane jabłka, obrane, wydrążone i pokrojone w cienkie plasterki

15 ml / 1 łyżka cukru pudru (bardzo drobnego).

5 ml / 1 łyżeczka mielonego cynamonu

Masło lub margarynę utrzeć z brązowym cukrem i syropem na jasną i puszystą masę. Dodawaj po trochu jajka. Dodaj mąkę i mieszankę przypraw, następnie dodaj mleko, aż masa będzie gładka. Dodaj jabłka. Za pomocą łyżki nałóż łyżką do natłuszczonej i wyłożonej wykładziną okrągłej formy o średnicy 23 cm do gotowania w kuchence mikrofalowej (naczynie rurowe) i włóż do mikrofalówki na średnim poziomie przez 12 minut, aż masa się zetnie. Odstawić na 5 minut, następnie odwrócić i posypać cukrem pudrem i cynamonem.

Szarlotka z mikrofali

Na ciasto o średnicy 20 cm / 8 cali

100 g / 4 uncje / ½ szklanki miękkiego masła lub margaryny

175 g / 6 uncji / ¾ szklanki miękkiego brązowego cukru

1 jajko, lekko ubite

175 g / 6 uncji / 1 ½ szklanki mąki zwykłej (uniwersalnej)

2,5 ml / ½ łyżeczki proszku do pieczenia

szczypta soli

2,5 ml / ½ łyżeczki zmielonego ziela angielskiego

1,5 ml / ¼ łyżeczki startej gałki muszkatołowej

1,5 ml / ¼ łyżeczki zmielonych goździków

300 ml / ½ punktu / 1¼ szklanki niesłodzonego musu jabłkowego (sos)

75 g / 3 uncje / ½ szklanki rodzynek

Cukier puder (cukierniczy) do posypania

Masło lub margarynę utrzeć z brązowym cukrem na jasną i puszystą masę. Stopniowo dodawać jajka, następnie na zmianę mąkę, proszek do pieczenia, sól i przyprawy z puree jabłkowym i rodzynkami. Przełóż łyżką do wyłożonego i natłuszczonego naczynia o powierzchni 20 cm/8 kwadratów, do kuchenki mikrofalowej i wstaw do mikrofalówki na maksymalną moc przez 12 minut. Pozostawić do ostygnięcia na blasze do pieczenia, następnie pokroić w kwadraty i posypać cukrem pudrem.

Ciasto jabłkowo-orzechowe z mikrofali

Na ciasto o średnicy 20 cm / 8 cali

175 g / 6 uncji / ¾ szklanki miękkiego masła lub margaryny

100 g / 4 uncje / ½ szklanki cukru pudru (bardzo drobnego)

3 jajka, lekko ubite

30 ml / 2 łyżki golden syropu (jasna kukurydza)

otarta skórka i sok z 1 cytryny

175 g / 6 uncji / 1½ szklanki samorosnącej mąki

50 g / 2 uncje / ½ szklanki posiekanych orzechów włoskich

1 jabłko do jedzenia (deser), obrane, wydrążone i posiekane

100 g / 4 uncje / 2/3 szklanki cukru pudru (cukierniczego).

30 ml / 2 łyżki soku z cytryny

15 ml / 1 łyżka wody

Połówki orzecha włoskiego do dekoracji

Masło lub margarynę utrzeć z cukrem pudrem na jasną i puszystą masę. Stopniowo dodawaj jajka, następnie syrop, skórkę i sok z cytryny. Dodać mąkę, posiekane orzechy włoskie i jabłko. Włóż łyżką do natłuszczonego okrągłego naczynia o średnicy 20 cm / 8 cali i włóż do kuchenki mikrofalowej na maksymalną moc przez 4 minuty. Wyjmij z piekarnika i przykryj folią aluminiową. Pozwolimy mu ostygnąć. Cukier puder wymieszać z sokiem z cytryny i taką ilością wody, aby uzyskać gładki lukier. Rozsmaruj ciasto i udekoruj połówkami orzechów włoskich.

Ciasto marchewkowe z mikrofali

Na ciasto o średnicy 18 cm / 7 cali

100 g / 4 uncje / ½ szklanki miękkiego masła lub margaryny

100 g / 4 uncje / ½ szklanki miękkiego brązowego cukru

2 ubite jajka

Tarta skórka i sok z 1 pomarańczy

2,5 ml / ½ łyżeczki mielonego cynamonu

Szczypta startej gałki muszkatołowej

100 g startej marchwi

100 g / 4 uncje / 1 szklanka samorosnącej mąki

25 g / 1 uncja / ¼ szklanki mielonych migdałów

25 g / 1 uncja / 2 łyżki cukru pudru (bardzo drobny)

Do dressingu:
100 g / 4 uncje / ½ szklanki serka śmietankowego

50 g / 2 uncje / 1/3 szklanki cukru pudru (cukierniczego), przesianego

30 ml / 2 łyżki soku z cytryny

Masło i cukier utrzeć na jasną i puszystą masę. Stopniowo ubijaj jajka, następnie dodaj sok i skórkę pomarańczową, przyprawy i marchewkę. Dodać mąkę, migdały i cukier. Wlać do natłuszczonej i wyłożonej tłuszczem formy do ciasta o średnicy 18 cm/7 cali i przykryć folią spożywczą (plastikową). Wstawić do mikrofalówki na wysoką temperaturę przez 8 minut, aż patyczek wbity w środek będzie czysty. Zdjąć folię spożywczą i przed umieszczeniem na metalowej kratce Odstawić na 8 minut do ostygnięcia. Wymieszać składniki lukieru i wyłożyć na wystudzone ciasto.

Ciasto mikrofalowe z marchewką, ananasem i orzechami

Na ciasto o średnicy 20 cm / 8 cali

225 g / 8 uncji / 1 szklanka cukru pudru (bardzo drobnego)

2 jajka

120 ml / 4 uncje / ½ szklanki oleju

1,5 ml / ¼ łyżeczki soli

5 ml / 1 łyżeczka sody oczyszczonej (soda oczyszczona)

100 g / 4 uncje / 1 szklanka samorosnącej mąki

5 ml / 1 łyżeczka mielonego cynamonu

175 g startej marchewki

75 g posiekanych orzechów włoskich

225 g rozdrobnionego ananasa z sokiem

Na lukier (lukier):

15 g / ½ uncji / 1 łyżka masła lub margaryny

50 g / 2 uncje / ¼ szklanki serka śmietankowego

10 ml / 2 łyżeczki soku z cytryny

Cukier puder (cukierniczy) przesiany

Dużą okrągłą formę (formę rurową) wyłóż papierem do pieczenia. Ubić cukier, jajka i olej. Delikatnie wymieszaj suche składniki, aż dobrze się połączą. Dodać pozostałe składniki ciasta. Wlać ciasto do przygotowanej formy, umieścić na drucianej kratce lub odwróconym talerzu i wstawić do kuchenki mikrofalowej na poziomie „High" przez 13 minut lub do momentu, aż masa się zetnie. Odstawić na 5 minut, następnie przełożyć na metalową kratkę do ostygnięcia.

W międzyczasie przygotuj lukier. Umieść masło lub margarynę, serek śmietankowy i sok z cytryny w misce i wstaw do kuchenki mikrofalowej na 30 do 40 sekund. Stopniowo dodawaj tyle cukru pudru, aby uzyskać gęstą konsystencję i ubijaj, aż masa będzie puszysta. Gdy ciasto wystygnie, posmaruj lukrem.

Przyprawione otręby w kuchence mikrofalowej

Robi 15

75 g / 3 uncje / ¾ szklanki Otręby pełnoziarniste

250 ml / 8 uncji / 1 szklanka mleka

175 g / 6 uncji / 1 ½ szklanki mąki zwykłej (uniwersalnej)

75 g / 3 uncje / 1/3 szklanki drobnego cukru (bardzo drobnego).

10 ml / 2 łyżeczki proszku do pieczenia

10 ml / 2 łyżeczki mieszanki przypraw mielonych (szarlotka)

szczypta soli

60 ml / 4 łyżki złotego syropu (jasna kukurydziana)

45 ml / 3 łyżki oleju

1 jajko, lekko ubite

75 g / 3 uncje / ½ szklanki rodzynek

15 ml / 1 łyżka startej skórki pomarańczowej

Płatki namoczyć w mleku na 10 minut. Połączyć mąkę, cukier, proszek do pieczenia, mieszankę przypraw i sól, następnie wymieszać z płatkami. Dodać syrop, olej, jajko, rodzynki i skórkę pomarańczową. Wlać do papierowych pudełek (wkładki do kubków) i wstawić do mikrofalówki pięć ciastek na raz na 4 minuty. Powtórz tę czynność z pozostałymi ciastami.

Sernik z bananem i marakują w kuchence mikrofalowej

Na ciasto o średnicy 23 cm / 9 cali

100 g / 4 uncje / ½ szklanki roztopionego masła lub margaryny

175 g / 6 uncji / 1 ½ szklanki okruchów piernika

250 g / 9 uncji / hojna 1 szklanka serka śmietankowego

175 ml / 6 uncji / ¾ szklanki kwaśnej śmietany (mlecznej)

2 jajka, lekko ubite

100 g / 4 uncje / ½ szklanki cukru pudru (bardzo drobnego)

otarta skórka i sok z 1 cytryny

150 ml / ¼ punktu / 2/3 szklanki śmietanki do ubijania

1 pokrojony banan

1 marakuja, posiekana

Wymieszaj masło lub margarynę z okruszkami krakersów i wciśnij w dno i boki naczynia do budyniu w kuchence mikrofalowej o średnicy 9/23 cm. Pozwolimy mu ostygnąć.

> Ubij serek śmietankowy i kwaśną śmietanę na gładką masę, następnie dodaj jajka, cukier, sok i skórkę z cytryny. Wylać na bazę i równomiernie rozprowadzić. Gotuj na średnim ogniu przez 8 minut. Pozwolimy mu ostygnąć.

Śmietanę ubić na sztywną pianę, a następnie rozsmarować ją na ciele. Na wierzchu ułóż plasterki banana i polej miąższem z marakui.

Sernik pomarańczowy w kuchence mikrofalowej

Na ciasto o średnicy 20 cm / 8 cali

50 g / 2 uncje / ¼ szklanki masła lub margaryny

12 produktów trawiennych (krakersy graham), pokruszonych

100 g / 4 uncje / ½ szklanki cukru pudru (bardzo drobnego)

225 g / 8 uncji / 1 szklanka serka śmietankowego

2 jajka

30 ml / 2 łyżki koncentratu soku pomarańczowego

15 ml / 1 łyżka soku z cytryny

150 ml / ¼ pt / 2/3 szklanki kwaśnej śmietany (kwaśnej)

szczypta soli

1 pomarańcza

30 ml / 2 łyżki dżemu morelowego (rezerwa)

150 ml / ¼ pt / 2/3 szklanki śmietanki podwójnej (ciężkiej)

Rozpuść masło lub margarynę w misce o średnicy 20 cm, nadającej się do kuchenki mikrofalowej na wysokim poziomie przez 1 minutę. Dodaj okruszki krakersów i 25 g cukru i wciśnij je w dno i boki miski. Ser ubić z pozostałym cukrem i jajkami, następnie dodać sok z pomarańczy i cytryny, śmietanę i sól. Wlać do pojemnika (skorupy) i wstawić do kuchenki mikrofalowej na maksymalną moc przez 2 minuty. Odstaw na 2 minuty, następnie wstaw do mikrofalówki na wysoką moc na kolejne 2 minuty. Odstaw na 1 minutę, następnie włącz kuchenkę mikrofalową na poziomie High na 1 minutę. Pozwolimy mu ostygnąć.

Obierz pomarańczę i ostrym nożem usuń segmenty z błony. Rozpuść dżem i posmaruj nim wierzch sernika. Śmietanę i rurkę ubić na brzegi sernika i udekorować kawałkami pomarańczy.

Sernik ananasowy z mikrofali

Na ciasto o średnicy 23 cm / 9 cali

100 g / 4 uncje / ½ szklanki roztopionego masła lub margaryny

175 g / 6 uncji / 1 ½ szklanki okruszków krakersów trawiennych (graham cracker)

250 g / 9 uncji / hojna 1 szklanka serka śmietankowego

2 jajka, lekko ubite

5 ml / 1 łyżeczka startej skórki z cytryny

30 ml / 2 łyżki soku z cytryny

75 g / 3 uncje / 1/3 szklanki drobnego cukru (bardzo drobnego).

400 g / 14 uncji / 1 duża puszka ananasa, odsączonego i rozgniecionego

150 ml / ¼ pt / 2/3 szklanki śmietanki podwójnej (ciężkiej)

Wymieszaj masło lub margarynę z okruszkami krakersów i wciśnij w dno i boki naczynia do budyniu w kuchence mikrofalowej o średnicy 9/23 cm. Pozwolimy mu ostygnąć.

Ubij serek śmietankowy, jajka, skórkę i sok z cytryny oraz cukier na gładką masę. Dodaj ananasa i wyłóż łyżką na bazę. Kuchenkę mikrofalową na średnim poziomie przez 6 minut, aż do zestalenia. Pozwolimy mu ostygnąć.

Śmietanę ubić na sztywną pianę i wyłożyć ją na wierzch sernika.

Chleb mikrofalowy z orzechami wiśniowymi

Na bochenek o masie 900 g / 2 funty

175 g / 6 uncji / ¾ szklanki miękkiego masła lub margaryny

175 g / 6 uncji / ¾ szklanki miękkiego brązowego cukru

3 ubite jajka

225 g / 8 uncji / 2 szklanki mąki zwykłej (uniwersalnej)

10 ml / 2 łyżeczki proszku do pieczenia

szczypta soli

45 ml / 3 łyżki mleka

75 g / 3 uncje / 1/3 szklanki glazurowanych wiśni (kandyzowanych)

75 g / 3 uncje / ¾ szklanki posiekanych mieszanych orzechów

25 g / 1 uncja / 3 łyżki cukru pudru, przesianego

Masło lub margarynę utrzeć z brązowym cukrem na jasną i puszystą masę. Stopniowo dodajemy jajka, następnie mąkę, proszek do pieczenia i sól. Dodaj tyle mleka, aby uzyskać gładką konsystencję, następnie dodaj wiśnie i orzechy włoskie. Przełóż łyżką do natłuszczonej i wyłożonej papierem formy do kuchenki mikrofalowej o gramaturze 900 g i posyp cukrem. Kuchenka mikrofalowa na maksymalnej mocy przez 7 minut. Odstawiamy na 5 minut, następnie przekładamy na drucianą kratkę do ostygnięcia.

Ciasto czekoladowe z kuchenki mikrofalowej

Na ciasto o średnicy 18 cm / 7 cali

225 g / 8 uncji / 1 szklanka miękkiego masła lub margaryny

175 g / 6 uncji / ¾ szklanki cukru pudru (bardzo drobnego)

150 g / 5 uncji / 1 ¼ szklanki samorosnącej mąki (drożdżowej)

50 g / 2 uncje / ¼ szklanki kakao w proszku (niesłodzona czekolada)

5 ml / 1 łyżeczka proszku do pieczenia

3 ubite jajka

45 ml / 3 łyżki mleka

Wymieszaj wszystkie składniki i przełóż łyżką do natłuszczonej i wyłożonej papierem miski o średnicy 18 cm, którą można podgrzewać w kuchence mikrofalowej. Kuchenkę mikrofalową na maksymalnej mocy przez 9 minut, aż masa będzie twarda w dotyku. Pozostawiamy do ostygnięcia na blasze do pieczenia na 5 minut, następnie przekładamy na metalową kratkę do dokończenia studzenia.

Migdałowe ciasto czekoladowe do mikrofalówki

Na ciasto o średnicy 20 cm / 8 cali

Na ciasto:
100 g / 4 uncje / ½ szklanki miękkiego masła lub margaryny

100 g / 4 uncje / ½ szklanki cukru pudru (bardzo drobnego)

2 jajka, lekko ubite

100 g / 4 uncje / 1 szklanka samorosnącej mąki

50 g / 2 uncje / ½ szklanki kakao w proszku (niesłodzonej czekolady)

50 g / 2 uncje / ½ szklanki mielonych migdałów

150 ml / ¼ pkt / 2/3 szklanki mleka

60 ml / 4 łyżki złotego syropu (jasna kukurydziana)

Na lukier (lukier):
100 g / 4 uncje / 1 szklanka gładkiej (półsłodkiej) czekolady

25 g / 1 uncja / 2 łyżki masła lub margaryny

8 całych migdałów

Aby przygotować ciasto, utrzyj masło lub margarynę z cukrem na jasną i puszystą masę. Stopniowo ubić jajka, dodać mąkę i kakao, a następnie zmielone migdały. Dodaj mleko i syrop i ubijaj, aż masa będzie gładka i jasna. Za pomocą łyżki nałóż na talerz o średnicy 20 cm / 8 cali, nadający się do kuchenki mikrofalowej, wyłożony folią spożywczą (plastikową folią) i włącz kuchenkę mikrofalową na maksymalną moc przez 4 minuty. Wyjąć z piekarnika, przykryć folią i pozostawić do lekkiego ostygnięcia, następnie przełożyć na metalową kratkę do ostygnięcia.

Przygotować lukier, rozpuszczając czekoladę z masłem lub margaryną na dużym ogniu przez 2 minuty. Uderz dobrze. Zanurz migdały do połowy w czekoladzie i odłóż na kawałek woskowanego papieru. Pozostałym lukrem wylać na ciasto i posmarować nim górę i boki. Udekorować migdałami i odstawić.

Ciasteczka z podwójnymi kawałkami czekolady w kuchence mikrofalowej

To sprawia, że 8

150 g / 5 uncji / 1 ¼ szklanki gładkiej (półsłodkiej) czekolady, grubo posiekanej

75 g / 3 uncje / 1/3 szklanki masła lub margaryny

175 g / 6 uncji / ¾ szklanki miękkiego brązowego cukru

2 jajka, lekko ubite

150 g / 5 uncji / 1 ¼ szklanki mąki zwykłej (uniwersalnej)

2,5 ml / ½ łyżeczki proszku do pieczenia

2,5 ml / ½ łyżeczki esencji waniliowej (ekstrakt)

30 ml / 2 łyżki mleka

Rozpuść 50 g czekolady z masłem lub margaryną na dużym ogniu przez 2 minuty. Jajka i cukier wymieszaj, następnie dodaj mąkę, proszek do pieczenia, esencję waniliową i mleko, aż masa będzie gładka. Przełóż łyżką do natłuszczonego, kwadratowego naczynia o średnicy 20 cm / 8 cali, do kuchenki mikrofalowej i wstaw do mikrofalówki na maksymalną moc przez 7 minut. Pozostawić do wystudzenia na blasze na 10 minut. Pozostałą czekoladę rozpuść na wysokim poziomie przez 1 minutę, następnie posmaruj nią wierzch ciasta i pozostaw do ostygnięcia. Pokrój w kwadraty.

Batony czekoladowe do kuchenki mikrofalowej

To sprawia, że 8

50 g / 2 uncje / 1/3 szklanki daktyli bez pestek, posiekanych

60 ml / 4 łyżki wrzącej wody

65 g / 2½ uncji / 1/3 szklanki miękkiego masła lub margaryny

225 g / 8 uncji / 1 szklanka cukru pudru (bardzo drobnego)

1 jajko

100 g / 4 uncje / 1 szklanka mąki zwykłej (uniwersalnej)

10 ml / 2 łyżeczki kakao w proszku (niesłodzona czekolada)

2,5 ml / ½ łyżeczki proszku do pieczenia

szczypta soli

25 g / 1 uncja / ¼ szklanki posiekanych mieszanych orzechów

100 g / 4 uncje / 1 szklanka gładkiej (półsłodkiej) czekolady, drobno posiekanej

Daktyle zalać wrzątkiem i odstawić do ostygnięcia. Masło lub margarynę utrzeć z połową cukru na jasną i puszystą masę. Stopniowo wbijaj jajka, a następnie na zmianę dodawaj mąkę, kakao, proszek do pieczenia i mieszankę z solą i daktylami. Przełóż łyżką do natłuszczonego i oprószonego mąką kwadratowego pojemnika do kuchenki mikrofalowej o średnicy 20 cm/8. Pozostały cukier wymieszać z orzechami i czekoladą i lekko docisnąć. Kuchenka mikrofalowa na maksymalnej mocy przez 8 minut. Przed pokrojeniem w kostkę pozostawić do ostygnięcia na blasze do pieczenia.

Kwadraty czekoladowe do mikrofalówki

Kończy 16 lat

Na ciasto:

50 g / 2 uncje / ¼ szklanki masła lub margaryny

5 ml / 1 łyżeczka cukru pudru (bardzo drobnego).

75 g / 3 uncje / ¾ szklanki mąki zwykłej (uniwersalnej)

1 żółtko

15 ml / 1 łyżka wody

175 g / 6 uncji / 1 ½ szklanki gładkiej (półsłodkiej) czekolady, startej lub drobno posiekanej

Do dressingu:

50 g / 2 uncje / ¼ szklanki masła lub margaryny

50 g / 2 uncje / ¼ szklanki cukru pudru (bardzo drobnego)

1 jajko

2,5 ml / ½ łyżeczki esencji waniliowej (ekstrakt)

100 g / 4 uncje / 1 szklanka posiekanych orzechów włoskich

Masło lub margarynę do ciasta zmiękczyć, dodać cukier, mąkę, żółtko i wodę. Rozprowadź równomiernie mieszaninę w kwadratowym naczyniu do kuchenki mikrofalowej o średnicy 20 cm / 8 cali i włącz moc na 2 minuty. Posypać czekoladą i wstawić do mikrofalówki na 1 minutę. Rozprowadzić równomiernie na spodzie i pozostawić do zastygnięcia.

Aby przygotować polewę, podgrzej masło lub margarynę w kuchence mikrofalowej na poziomie wysokim przez 30 sekund. Dodać pozostałe składniki lukieru i rozsmarować na czekoladzie. Kuchenka mikrofalowa na maksymalnej mocy przez 5 minut. Pozostawić do ostygnięcia, a następnie pokroić w kwadraty.

Szybkie ciasto kawowe z mikrofali

Wychodzi ciasto o średnicy 19 cm

Na ciasto:

225 g / 8 uncji / 1 szklanka miękkiego masła lub margaryny

225 g / 8 uncji / 1 szklanka cukru pudru (bardzo drobnego)

225 g / 8 uncji / 2 szklanki mąki samorosnącej (drożdżowej)

5 jaj

45 ml / 3 łyżki esencji kawowej (ekstraktu)

Na lukier (lukier):

30 ml / 2 łyżki esencji kawowej (ekstraktu)

175 g / 6 uncji / ¾ szklanki masła lub margaryny

Cukier puder (cukierniczy) przesiany

Połówki orzecha włoskiego do dekoracji

Wszystkie składniki ciasta mieszamy, aż dobrze się połączą. Podzielić pomiędzy dwie formy do ciasta o średnicy 19 cm i piec w kuchence mikrofalowej przez 5-6 minut. Wyjmij z kuchenki mikrofalowej i pozostaw do ostygnięcia.

Składniki na lukier wymieszać, dosłodzić cukrem pudrem do smaku. Po wystygnięciu babeczki pokrywamy połową kremu, a resztą smarujemy wierzch. Udekoruj połówkami orzechów włoskich.

Świąteczne ciasto z mikrofali

Na ciasto o średnicy 23 cm / 9 cali

150 g / 5 uncji / 2/3 szklanki miękkiego masła lub margaryny

150 g / 5 uncji / 2/3 szklanki miękkiego brązowego cukru

3 jajka

30 ml / 2 łyżki czarnej melasy (melasy)

225 g / 8 uncji / 2 szklanki mąki samorosnącej (drożdżowej)

10 ml / 2 łyżeczki mieszanki przypraw mielonych (szarlotka)

2,5 ml / ½ łyżeczki startej gałki muszkatołowej

2,5 ml / ½ łyżeczki sody oczyszczonej (soda oczyszczona)

450 g / 1 funt / 22/3 szklanki mieszanki orzechów (mieszanka ciast owocowych)

50 g / 2 uncje / ¼ szklanki glazurowanych wiśni (kandyzowanych)

50 g / 2 uncje / 1/3 szklanki posiekanej mieszanej skórki

50 g / 2 uncje / ½ szklanki posiekanych mieszanych orzechów

30 ml / 2 łyżki brandy

Dodatkowa brandy do dojrzewania ciasta (opcjonalnie)

Masło lub margarynę utrzeć z cukrem na jasną i puszystą masę. Stopniowo dodawaj jajka i melasę, następnie dodaj mąkę, przyprawy i sodę oczyszczoną. Delikatnie dodaj owoce, wymieszaną skórkę i orzechy, następnie dodaj brandy. Włóż łyżkę do kuchenki mikrofalowej o średnicy 9/23 cm z dolną wkładką ustawioną na niską temperaturę na 45 do 60 minut. Pozostawić do ostygnięcia na blasze do pieczenia na 15 minut, a następnie przenieść na kratkę, aby dokończyć studzenie.

Po wystudzeniu ciasto zawinąć w folię aluminiową i odstawić na 2 tygodnie w chłodne, ciemne miejsce. Jeśli to konieczne, nakłuj wierzch ciasta kilka razy cienkim patyczkiem i skrop odrobiną brandy, a następnie ponownie zawiń i przechowuj ciasto. Można to zrobić kilka razy, aby uzyskać bogatsze ciasto.

ciasto kruche z kuchenki mikrofalowej

Na ciasto o średnicy 20 cm / 8 cali

300 g / 10 uncji / 1 ¼ szklanki drobnego cukru (bardzo drobnego).

225 g / 8 uncji / 2 szklanki mąki zwykłej (uniwersalnej)

10 ml / 2 łyżeczki proszku do pieczenia

5 ml / 1 łyżeczka mielonego cynamonu

100 g / 4 uncje / ½ szklanki miękkiego masła lub margaryny

2 jajka, lekko ubite

100 ml / 3½ uncji / 6½ łyżki mleka

Wymieszaj cukier, mąkę, proszek do pieczenia i cynamon. Dodaj masło lub margarynę i odłóż jedną czwartą mieszanki. Połącz jajka z mlekiem i wymieszaj z największą porcją ciasta. Wlać mieszaninę do natłuszczonego i oprószonego mąką naczynia o średnicy 20 cm / 8 cali, które można używać w kuchence mikrofalowej i posypać zarezerwowaną mieszanką okruszków. Kuchenkę mikrofalową na maksymalnej mocy przez 10 minut. Pozostawić do ostygnięcia na blasze do pieczenia.

Ścieżki danych mikrofalowych

przed 12

150 g / 5 uncji / 1 ¼ szklanki samorosnącej mąki

175 g / 6 uncji / ¾ szklanki cukru pudru (bardzo drobnego)

100 g / 4 uncje / 1 szklanka suszonego kokosa (rozdrobnionego)

100 g / 4 uncje / 2/3 szklanki daktyli bez pestek, posiekanych

50 g / 2 uncje / ½ szklanki posiekanych mieszanych orzechów

100 g / 4 uncje / ½ szklanki roztopionego masła lub margaryny

1 jajko, lekko ubite

Cukier puder (cukierniczy) do posypania

Wymieszaj suche składniki. Dodajemy masło lub margarynę oraz jajka i miksujemy do uzyskania sztywnego ciasta. Wciśnij spód kwadratowego talerza o średnicy 20 cm / 8 cali, który można podgrzewać w kuchence mikrofalowej i wstaw do kuchenki mikrofalowej na średnim poziomie przez 8 minut, aż masa zastygnie. Pozostawić na blasze na 10 minut, następnie pokroić w batoniki i przełożyć na metalową kratkę do ostygnięcia.

Chleb figowy do mikrofalówki

Z porcji wychodzi jeden bochenek o wadze 1½ funta / 675 g

100 g / 4 uncje / 2 szklanki otrębów

50 g / 2 uncje / ¼ szklanki miękkiego brązowego cukru

45 ml / 3 łyżki jasnego miodu

100 g / 4 uncje / 2/3 szklanki suszonych fig, posiekanych

50 g / 2 uncje / ½ szklanki posiekanych orzechów laskowych

300 ml / ½ pt / 1¼ szklanki mleka

100 g / 4 uncje / 1 szklanka mąki pełnoziarnistej (pełnoziarnistej)

10 ml / 2 łyżeczki proszku do pieczenia

szczypta soli

Wszystkie składniki mieszamy aż do uzyskania sztywnego ciasta. Przygotuj naczynie do pieczenia nadające się do kuchenki mikrofalowej i wypoziomuj powierzchnię. Gotuj na wysokim poziomie przez 7 minut. Pozostawiamy do ostygnięcia na blasze do pieczenia na 10 minut, następnie przekładamy na metalową kratkę do dokończenia studzenia.

klapki mikrofalowe

Robi 24

175 g / 6 uncji / ¾ szklanki miękkiego masła lub margaryny

50 g / 2 uncje / ¼ szklanki cukru pudru (bardzo drobnego)

50 g / 2 uncje / ¼ szklanki miękkiego brązowego cukru

90 ml / 6 łyżek złotego syropu (jasna kukurydziana)

szczypta soli

275 g / 10 uncji / 2 ½ szklanki płatków owsianych

Połącz masło lub margarynę i cukier w dużej misce i gotuj na wysokim poziomie przez 1 minutę. Dodaj pozostałe składniki i dobrze wymieszaj. Wlać mieszaninę do natłuszczonego naczynia o średnicy 18 cm/7 cali przeznaczonego do kuchenki mikrofalowej i lekko docisnąć. Gotuj na wysokim poziomie przez 5 minut. Pozostawić do lekkiego ostygnięcia, a następnie pokroić w kwadraty.

Ciasto owocowe z mikrofali

Na ciasto o średnicy 18 cm / 7 cali

175 g / 6 uncji / ¾ szklanki miękkiego masła lub margaryny

175 g / 6 uncji / ¾ szklanki cukru pudru (bardzo drobnego)

otarta skórka z 1 cytryny

3 ubite jajka

225 g / 8 uncji / 2 szklanki mąki zwykłej (uniwersalnej)

5 ml / 1 łyżeczka mieszanki przypraw mielonych (szarlotka)

225 g / 8 uncji / 11/3 szklanki rodzynek

225 g / 8 uncji / 11/3 szklanki sułtanek (złotych rodzynek)

50 g / 2 uncje / ¼ szklanki glazurowanych wiśni (kandyzowanych)

50 g / 2 uncje / ½ szklanki posiekanych mieszanych orzechów

15 ml / 1 łyżka golden syropu (jasna kukurydziana)

45 ml / 3 łyżki brandy

Masło lub margarynę utrzeć z cukrem na jasną i puszystą masę. Dodaj skórkę z cytryny i stopniowo wbijaj jajka. Dodajemy mąkę i wymieszane przyprawy, następnie dodajemy pozostałe składniki. Wlać do natłuszczonej i wyłożonej wykładziną okrągłej miski o średnicy 7/18 cm, którą można podgrzewać w kuchence mikrofalowej i podgrzewać w kuchence mikrofalowej na małym ogniu przez 35 minut, aż patyczek wbity w środek będzie czysty. Pozostawiamy do ostygnięcia na blasze do pieczenia na 10 minut, następnie przekładamy na metalową kratkę do dokończenia studzenia.

Kwadraty z owocami kokosowymi do mikrofalówki

To sprawia, że 8

50 g / 2 uncje / ¼ szklanki masła lub margaryny

9 produktów trawiennych (krakersy graham), pokruszonych

50 g / 2 uncje / ½ szklanki suszonego kokosa (rozdrobnionego)

100 g / 4 uncje / 2/3 szklanki posiekanej mieszanej (kandyzowanej) skórki

50 g / 2 uncje / 1/3 szklanki daktyli bez pestek, posiekanych

15 ml / 1 łyżka mąki zwykłej (uniwersalnej)

25 g / 1 uncja / 2 łyżki posiekanych glazurowanych (kandyzowanych) wiśni

100 g / 4 uncje / 1 szklanka posiekanych orzechów włoskich

150 ml / ¼ pkt / 2/3 szklanki mleka skondensowanego

Rozpuść masło lub margarynę w naczyniu kwadratowym o średnicy 20 cm / 8 cali, nadającym się do kuchenki mikrofalowej, na wysokim poziomie przez 40 sekund. Dodaj okruchy ciasteczek i równomiernie rozprowadź je na dnie talerza. Posypać kokosem, a następnie zmiksowaną skorupką. Daktyle wymieszać z mąką, wiśniami i orzechami włoskimi, posypać wierzch i zalać mlekiem. Kuchenka mikrofalowa na maksymalnej mocy przez 8 minut. Pozostawić do ostygnięcia na blasze do pieczenia, a następnie pokroić w kwadraty.

Ciasto czekoladowe z kuchenki mikrofalowej

Na ciasto o średnicy 20 cm / 8 cali

150 g / 5 uncji / 1 ¼ szklanki mąki zwykłej (uniwersalnej)

5 ml / 1 łyżeczka proszku do pieczenia

Szczypta sody oczyszczonej (soda oczyszczona)

szczypta soli

300 g / 10 uncji / 1 ¼ szklanki drobnego cukru (bardzo drobnego).

50 g / 2 uncje / ¼ szklanki miękkiego masła lub margaryny

250 ml / 8 uncji / 1 szklanka mleka

Kilka kropli esencji waniliowej (ekstrakt)

1 jajko

100 g / 4 uncje / 1 szklanka gładkiej (półsłodkiej) czekolady, posiekanej

50 g / 2 uncje / ½ szklanki posiekanych mieszanych orzechów

Posypka czekoladowa

Wymieszaj mąkę, proszek do pieczenia, sodę oczyszczoną i sól. Dodać cukier, następnie masło lub margarynę, mleko i esencję waniliową, aż masa będzie gładka. Ubijać jajka. Włóż do mikrofalówki trzy czwarte czekolady na 2 minuty, aż się rozpuści, a następnie dodaj do ciasta, aż uzyskasz kremową konsystencję. Dodaj orzechy. Wlać mieszaninę do dwóch natłuszczonych i posypanych mąką pojemników do kuchenki mikrofalowej o średnicy 8/20 cm i wstawić do mikrofalówki każdy osobno na 8 minut. Wyjmij z piekarnika, przykryj folią aluminiową i odstaw do ostygnięcia na 10 minut, następnie przełóż na metalową kratkę, aby dokończyć studzenie. Ułożyć na kanapce z połową kremu maślanego (lukierem), następnie posmarować resztą lukru i udekorować zarezerwowaną czekoladą.

Piernik z mikrofali

Na ciasto o średnicy 20 cm / 8 cali

50 g / 2 uncje / ¼ szklanki masła lub margaryny

75 g / 3 uncje / ¼ szklanki melasy z czarnego paska (melasa)

15 ml / 1 łyżka cukru pudru (bardzo drobnego).

100 g / 4 uncje / 1 szklanka mąki zwykłej (uniwersalnej)

5 ml / 1 łyżeczka mielonego imbiru

2,5 ml / ½ łyżeczki mieszanki przypraw mielonych (szarlotka)

2,5 ml / ½ łyżeczki sody oczyszczonej (soda oczyszczona)

1 ubite jajko

Do miski włóż masło lub margarynę i wstaw do mikrofalówki na 30 sekund. Dodaj melasę i cukier i wstaw do mikrofalówki na 1 minutę. Dodać mąkę, przyprawy i sodę oczyszczoną. Ubijać jajka. Przełóż mieszaninę do natłuszczonego naczynia o pojemności 1,5 litra / 2½ pinty / 6 filiżanek i włóż do kuchenki mikrofalowej na 4 minuty. Pozostawiamy do ostygnięcia na blasze do pieczenia na 5 minut, następnie przekładamy na metalową kratkę do dokończenia studzenia.

Paluszki imbirowe do mikrofalówki

przed 12

Na ciasto:

150 g / 5 uncji / 2/3 szklanki miękkiego masła lub margaryny

50 g / 2 uncje / ¼ szklanki cukru pudru (bardzo drobnego)

100 g / 4 uncje / 1 szklanka mąki zwykłej (uniwersalnej)

2,5 ml / ½ łyżeczki proszku do pieczenia

5 ml / 1 łyżeczka mielonego imbiru

Do dressingu:

15 g / ½ uncji / 1 łyżka masła lub margaryny

15 ml / 1 łyżka golden syropu (jasna kukurydziana)

Kilka kropli esencji waniliowej (ekstrakt)

5 ml / 1 łyżeczka mielonego imbiru

50 g / 2 uncje / 1/3 szklanki cukru pudru (cukierniczego)

Aby przygotować ciasto, utrzyj masło lub margarynę z cukrem na jasną i puszystą masę. Dodać mąkę, proszek do pieczenia i imbir i wymieszać na gładką masę. Wciśnij na kwadratową płytkę o średnicy 20 cm / 8 cali, którą można podgrzewać w kuchence mikrofalowej i wstaw do kuchenki mikrofalowej na średnim poziomie przez 6 minut, aż do stwardnienia.

Lukier przygotowujemy roztapiając masło lub margarynę z syropem. Dodaj esencję waniliową, imbir i cukier puder i ubijaj, aż masa będzie gęsta. Rozsmarować równomiernie na ciepłym cieście. Pozostawić do ostygnięcia na blasze, a następnie pokroić w słupki lub kwadraty.

Złote ciasto z mikrofali

Na ciasto o średnicy 20 cm / 8 cali

Na ciasto:

100 g / 4 uncje / ½ szklanki miękkiego masła lub margaryny

100 g / 4 uncje / ½ szklanki cukru pudru (bardzo drobnego)

2 jajka, lekko ubite

Kilka kropli esencji waniliowej (ekstrakt)

225 g / 8 uncji / 2 szklanki mąki zwykłej (uniwersalnej)

10 ml / 2 łyżeczki proszku do pieczenia

szczypta soli

60 ml / 4 łyżki mleka

Na lukier (lukier):

50 g / 2 uncje / ¼ szklanki miękkiego masła lub margaryny

100 g / 4 uncje / 2/3 szklanki cukru pudru (cukierniczego).

Kilka kropli esencji waniliowej (ekstrakt) (opcjonalnie)

Aby przygotować ciasto, utrzyj masło lub margarynę z cukrem na jasną i puszystą masę. Stopniowo dodajemy jajka, następnie mąkę, proszek do pieczenia i sól. Dodajemy tyle mleka, aby uzyskać gładką, lejącą konsystencję. Wlać do dwóch natłuszczonych i posypanych mąką foremek o średnicy 20 cm, które można podgrzewać w kuchence mikrofalowej i piec każde ciasto oddzielnie na wysokim poziomie przez 6 minut. Wyjmij z piekarnika, przykryj folią aluminiową i odstaw do ostygnięcia na 5 minut, a następnie przełóż na metalową kratkę, aby dokończyć studzenie.

Aby przygotować lukier, utrzyj masło lub margarynę na gładką masę, następnie dodaj cukier puder i esencję waniliową według potrzeby. Posmaruj ciastka połową kremu, a resztą posmaruj wierzch.

Ciasto orzechowo-miodowe w kuchence mikrofalowej

Na ciasto o średnicy 18 cm / 7 cali

150 g / 5 uncji / 2/3 szklanki miękkiego masła lub margaryny

100 g / 4 uncje / ½ szklanki miękkiego brązowego cukru

45 ml / 3 łyżki jasnego miodu

3 ubite jajka

225 g / 8 uncji / 2 szklanki mąki samorosnącej (drożdżowej)

100 g / 4 uncje / 1 szklanka mielonych orzechów laskowych

45 ml / 3 łyżki mleka

lukier maślany

Masło lub margarynę utrzeć z cukrem i miodem na jasną i puszystą masę. Stopniowo ubijaj jajka, następnie dodaj mąkę, orzechy laskowe i tyle mleka, aby uzyskać gładką konsystencję. Przełóż łyżką do naczynia o średnicy 18 cm przeznaczonego do kuchenki mikrofalowej i gotuj na średnim ogniu przez 7 minut. Pozostawiamy do ostygnięcia na blasze do pieczenia na 5 minut, następnie przekładamy na metalową kratkę do dokończenia studzenia. Przekrój ciasto poziomo na pół, a następnie przełóż je kremem maślanym (lukierem).

Batony musli do żucia, odpowiednie do kuchenki mikrofalowej

około 10 lat temu

100 g / 4 uncje / ½ szklanki masła lub margaryny

175 g / 6 uncji / ½ szklanki jasnego miodu

50 g / 2 uncje / 1/3 szklanki gotowych suszonych moreli, posiekanych

50 g / 2 uncje / 1/3 szklanki daktyli bez pestek, posiekanych

75 g / 3 uncje / ¾ szklanki posiekanych mieszanych orzechów

100 g / 4 uncje / 1 szklanka płatków owsianych

100 g / 4 uncje / ½ szklanki miękkiego brązowego cukru

1 ubite jajko

25 g / 1 uncja / 2 łyżki mąki samorosnącej

Do miski włóż masło lub margarynę i miód i gotuj na wysokim poziomie przez 2 minuty. Wymieszaj wszystkie pozostałe składniki. Wlać do tacy o średnicy 20 cm / 8 cali i wstawić do mikrofalówki na wysoką temperaturę na 8 minut. Pozostawić do lekkiego ostygnięcia, a następnie pokroić w kwadraty lub plasterki.

Ciasto orzechowe z mikrofali

Na ciasto o średnicy 20 cm / 8 cali

150 g / 5 uncji / 1 ¼ szklanki mąki zwykłej (uniwersalnej)

szczypta soli

5 ml / 1 łyżeczka mielonego cynamonu

75 g / 3 uncje / 1/3 szklanki miękkiego brązowego cukru

75 g / 3 uncje / 1/3 szklanki drobnego cukru (bardzo drobnego).

75 ml / 5 łyżek oleju

25 g posiekanych orzechów włoskich

5 ml / 1 łyżeczka proszku do pieczenia

2,5 ml / ½ łyżeczki sody oczyszczonej (soda oczyszczona)

1 jajko

150 ml / ¼ pkt / 2/3 szklanki kwaśnego mleka

Wymieszaj mąkę, sól i połowę cynamonu. Dodać cukry, a następnie ubić olej, aż składniki dobrze się połączą. Odlej 90 ml / 6 łyżek mieszanki i wymieszaj z orzechami włoskimi i pozostałym cynamonem. Do większości mieszanki dodaj proszek do pieczenia, sodę oczyszczoną, jajka i mleko i ubijaj, aż masa będzie gładka. Wlać główną mieszaninę do natłuszczonego i oprószonego mąką pojemnika do kuchenki mikrofalowej o średnicy 20 cm / 8" i posypać na wierzch mieszanką orzechową. Kuchenka mikrofalowa na maksymalnej mocy przez 8 minut. Pozostawić na blasze do ostygnięcia na 10 minut i podawać ciepłe.

Ciasto pomarańczowe z mikrofali

Na ciasto o średnicy 20 cm / 8 cali

250 g / 9 uncji / 2 ¼ szklanki mąki zwykłej (uniwersalnej)

225 g / 8 uncji / 1 szklanka granulowanego cukru

15 ml / 1 łyżka proszku do pieczenia

2,5 ml / ½ łyżeczki soli

60 ml / 4 łyżki oleju

250 ml / 8 uncji / 2 szklanki soku pomarańczowego

2 jajka, oddzielone

100 g / 4 uncje / ½ szklanki cukru pudru (bardzo drobnego)

Krem maślany pomarańczowy

pomarańczowa glazura

Wymieszaj mąkę, cukier granulowany, proszek do pieczenia, sól, olej i połowę soku pomarańczowego i ubijaj, aż dobrze się połączą. Ubij żółtka i pozostały sok pomarańczowy, aż masa będzie jasna i gładka. Białka ubić na sztywną pianę, dodać połowę cukru pudru i ubijać, aż masa będzie gęsta i lśniąca. Do ciasta dodać pozostały cukier, a następnie ubite białka. Wlać do dwóch natłuszczonych i posypanych mąką talerzy o średnicy 20 cm/8 cali, które można podgrzewać w kuchence mikrofalowej i wstawić każdy z osobna do mikrofalówki na maksymalną moc przez 6 do 8 minut. Wyjmij z piekarnika, przykryj folią aluminiową i odstaw do ostygnięcia na 5 minut, a następnie przełóż na metalową kratkę, aby dokończyć studzenie.

Kuchenka mikrofalowa Pavlova

Na ciasto o średnicy 23 cm / 9 cali

4 białka jaj

225 g / 8 uncji / 1 szklanka cukru pudru (bardzo drobnego)

2,5 ml / ½ łyżeczki esencji waniliowej (ekstrakt)

Kilka kropli octu winnego

150 ml / ¼ punktu / 2/3 szklanki śmietanki do ubijania

1 kiwi, pokrojone w plasterki

100 g truskawek, pokrojonych w plasterki

Białka ubijaj, aż utworzą miękkie szczyty. Posypać połową cukru i dobrze ubić. Stopniowo dodawaj resztę cukru, esencję waniliową i ocet i ubijaj, aż się rozpuszczą. Wlać mieszaninę do koła o średnicy 9/23 cm na kawałku papieru pergaminowego. Kuchenka mikrofalowa na maksymalnej mocy przez 2 minuty. Pozostawić w kuchence mikrofalowej przy otwartych drzwiczkach na 10 minut. Wyjmij z piekarnika, usuń papierową warstwę i pozostaw do ostygnięcia. Śmietankę ubić na sztywną pianę i rozsmarować ją na wierzchu bezy. Na wierzchu atrakcyjnie ułóż owoce.

babeczka z mikrofali

Na ciasto o średnicy 20 cm / 8 cali

225 g / 8 uncji / 2 szklanki mąki zwykłej (uniwersalnej)

15 ml / 1 łyżka proszku do pieczenia

50 g / 2 uncje / ¼ szklanki cukru pudru (bardzo drobnego)

100 g / 4 uncje / ½ szklanki masła lub margaryny

75 ml / 5 łyżek pojedynczej śmietanki (jasnej)

1 jajko

Wymieszaj mąkę, proszek do pieczenia i cukier, a następnie utrzyj masło lub margarynę, aż mieszanina będzie przypominać bułkę tartą. Wymieszaj śmietanę i jajka, następnie dodaj mąkę, aż masa będzie gładka. Wciśnij do natłuszczonego naczynia o średnicy 20 cm/8 cali i włóż do kuchenki mikrofalowej na maksymalną moc przez 6 minut. Odstawić na 4 minuty, następnie wyjąć z formy i ostudzić na metalowej kratce.

Ciastko truskawkowe z mikrofali

Na ciasto o średnicy 20 cm / 8 cali

900 g truskawek pokrojonych w grube plasterki

225 g / 8 uncji / 1 szklanka cukru pudru (bardzo drobnego)

225 g / 8 uncji / 2 szklanki mąki zwykłej (uniwersalnej)

15 ml / 1 łyżka proszku do pieczenia

175 g / 6 uncji / ¾ szklanki masła lub margaryny

75 ml / 5 łyżek pojedynczej śmietanki (jasnej)

1 jajko

150 ml / ¼ punktu / 2/3 szklanki podwójnej (ciężkiej) śmietany do ubijania

Wymieszaj truskawki ze 175 g / 6 uncji / ¾ szklanki cukru, a następnie wstaw do lodówki na co najmniej 1 godzinę.

Wymieszaj mąkę, proszek do pieczenia i pozostały cukier, następnie wcieraj 100 g masła lub margaryny, aż mieszanina będzie przypominać bułkę tartą. Wymieszaj śmietanę z jajkami, następnie dodaj mąkę, aż powstanie gładkie ciasto. Wciśnij do natłuszczonego naczynia o średnicy 20 cm/8 cali i włóż do kuchenki mikrofalowej na maksymalną moc przez 6 minut. Odstawiamy na 4 minuty, następnie wyjmujemy z formy i dzielimy na pół, gdy jest jeszcze gorące. Pozwolimy mu ostygnąć.

Posmaruj obie powierzchnie tnące pozostałym masłem lub margaryną. Na spodzie rozsmaruj jedną trzecią bitej śmietany, a na wierzchu ułóż trzy czwarte truskawek. Rozsmaruj kolejną trzecią części kremu i połóż na wierzchu drugą babeczkę. Na wierzch połóż pozostałą śmietanę i truskawki.

ciasto z mikrofali

Na ciasto o średnicy 18 cm / 7 cali

150 g / 5 uncji / 1 ¼ szklanki samorosnącej mąki (drożdżowej)

100 g / 4 uncje / ½ szklanki masła lub margaryny

100 g / 4 uncje / ½ szklanki cukru pudru (bardzo drobnego)

2 jajka

30 ml / 2 łyżki mleka

Ubij wszystkie składniki, aż będą gładkie. Wyłóż łyżką na talerz do kuchenki mikrofalowej o średnicy 18 cm z wyłożonym dnem i włóż do kuchenki mikrofalowej na średnim poziomie przez 6 minut. Pozostawiamy do ostygnięcia na blasze do pieczenia na 5 minut, następnie przekładamy na metalową kratkę do dokończenia studzenia.

Batony Sultana odpowiednie do kuchenek mikrofalowych

przed 12

175 g / 6 uncji / ¾ szklanki masła lub margaryny

100 g / 4 uncje / ½ szklanki cukru pudru (bardzo drobnego)

15 ml / 1 łyżka golden syropu (jasna kukurydziana)

75 g / 3 uncje / ½ szklanki sułtanek (złotych rodzynek)

5 ml / 1 łyżeczka startej skórki z cytryny

225 g / 8 uncji / 2 szklanki mąki samorosnącej (drożdżowej)

                   Na lukier (lukier):
175 g / 6 uncji / 1 szklanka cukru pudru (cukierniczego)

30 ml / 2 łyżki soku z cytryny

Podgrzewaj masło lub margarynę, cukier puder i syrop na średnim ogniu przez 2 minuty. Dodaj rodzynki i skórkę z cytryny. Dodaj mąkę. Przełóż łyżką do natłuszczonej i wyłożonej wykładziną kwadratowej formy o średnicy 20 cm/8, którą można podgrzewać w kuchence mikrofalowej i wstawić do mikrofalówki na średnim poziomie przez 8 minut, aż masa stwardnieje. Lekko ostudzić.

Do miski wsypujemy cukier puder i pośrodku robimy wgłębienie. Stopniowo dodawaj sok z cytryny, aż powstanie gładka lukier. Gdy jest jeszcze ciepłe, posmaruj nim ciasto, a następnie pozostaw do całkowitego ostygnięcia.

Ciasteczka czekoladowe do mikrofalówki

Robi 24

225 g / 8 uncji / 1 szklanka miękkiego masła lub margaryny

100 g / 4 uncje / ½ szklanki ciemnobrązowego cukru

5 ml / 1 łyżeczka esencji waniliowej (ekstrakt)

225 g / 8 uncji / 2 szklanki mąki samorosnącej (drożdżowej)

50 g / 2 uncje / ½ szklanki pitnej czekolady w proszku

Masło, cukier i esencję waniliową utrzeć na jasną i puszystą masę. Stopniowo dodawaj mąkę i czekoladę i mieszaj, aż masa będzie gładka. Uformuj kulki wielkości orzecha włoskiego, ułóż sześć na natłuszczonej blasze i lekko spłaszcz widelcem. Każdą porcję umieszczaj na dużym ogniu przez 2 minuty, aż wszystkie ciasteczka się upieką. Studzimy na metalowej kratce.

Ciasteczka kokosowe do mikrofalówki

Robi 24

50 g / 2 uncje / ¼ szklanki miękkiego masła lub margaryny

75 g / 3 uncje / 1/3 szklanki drobnego cukru (bardzo drobnego).

1 jajko, lekko ubite

2,5 ml / ½ łyżeczki esencji waniliowej (ekstrakt)

75 g / 3 uncje / ¾ szklanki mąki zwykłej (uniwersalnej)

25 g / 1 uncja / ¼ szklanki suszonego kokosa (rozdrobnionego)

szczypta soli

30 ml / 2 łyżki dżemu truskawkowego (rezerwa)

Masło lub margarynę utrzeć z cukrem na jasną i puszystą masę. Dodawać na zmianę jajko i esencję waniliową z mąką, kokosem i solą i miksować na gładką masę. Uformuj kulki wielkości orzecha włoskiego i ułóż sześć na natłuszczonej blasze do kuchenki mikrofalowej, a następnie lekko dociśnij widelcem, aby lekko je spłaszczyć. Kuchenkę mikrofalową na maksymalnej mocy przez 3 minuty, aż do zestalenia. Przełożyć na metalową kratkę i na środek każdego ciasteczka nałożyć łyżkę dżemu. Powtórz z pozostałymi ciasteczkami.

Florentynki z mikrofali

przed 12

50 g / 2 uncje / ¼ szklanki masła lub margaryny

50 g / 2 uncje / ¼ szklanki cukru demerara

15 ml / 1 łyżka golden syropu (jasna kukurydziana)

50 g / 2 uncje / ¼ szklanki glazurowanych wiśni (kandyzowanych)

75 g posiekanych orzechów włoskich

25 g / 1 uncja / 3 łyżki sułtanek (złotych rodzynek)

25 g / 1 uncja / ¼ szklanki posiekanych migdałów (w plasterkach)

30 ml / 2 łyżki posiekanej mieszanej (kandyzowanej) skórki

25 g / 1 uncja / ¼ szklanki mąki zwykłej (uniwersalnej)

100 g / 4 uncje / 1 filiżanka gładkiej (półsłodkiej) czekolady, połamanej (opcjonalnie)

Podgrzewaj w kuchence mikrofalowej masło lub margarynę, cukier i syrop przez 1 minutę, aż się rozpuszczą. Dodaj wiśnie, orzechy włoskie, rodzynki i migdały, a następnie dodaj połączoną skórkę i mąkę. Nakładać łyżeczki mieszanki w dużych odstępach na papier do pieczenia (wosk) i gotować w partiach po cztery na wysokim poziomie przez 1,5 minuty każdą porcję. Oczyść brzegi nożem, odstaw na 3 minuty na papierze, a następnie przełóż na metalową kratkę, aby dokończyć studzenie. Powtórz z pozostałymi ciasteczkami. W razie potrzeby rozpuść czekoladę w misce przez 30 sekund i rozprowadź ją po jednej stronie florentynek, a następnie pozostaw do zastygnięcia.

Ciasteczka wiśniowo-orzechowe do mikrofalówki

Robi 24

100 g / 4 uncje / ½ szklanki miękkiego masła lub margaryny

100 g / 4 uncje / ½ szklanki cukru pudru (bardzo drobnego)

1 ubite jajko

175 g / 6 uncji / 1 ½ szklanki mąki zwykłej (uniwersalnej)

50 g / 2 uncje / ½ szklanki mielonych orzechów laskowych

100 g / 4 uncje / ½ szklanki glazurowanych wiśni (kandyzowanych)

Masło lub margarynę utrzeć z cukrem na jasną i puszystą masę. Stopniowo dodawaj jajka, następnie mąkę, orzechy laskowe i wiśnie. Umieść porcje ciasteczek w odpowiednich odstępach na arkuszach z ciasteczkami, które można używać w kuchence mikrofalowej. Włóż do kuchenki mikrofalowej po osiem ciasteczek na raz, na maksymalnym poziomie, przez około 2 minuty, aż ciasto się zetnie.

Ciasteczka mikrofalowe Sultana

Robi 24

225 g / 8 uncji / 2 szklanki mąki zwykłej (uniwersalnej)

5 ml / 1 łyżeczka mieszanki przypraw mielonych (szarlotka)

175 g / 6 uncji / ¾ szklanki miękkiego masła lub margaryny

100 g / 4 uncje / 2/3 szklanki sułtanek (złotych rodzynek)

175 g / 6 uncji / ¾ szklanki cukru demerara

Wymieszaj mąkę i mieszankę przypraw, następnie dodaj masło lub margarynę, rodzynki i 100 g cukru, aby uzyskać gładkie ciasto. Uformuj dwie kiełbaski o długości około 18 cm i posyp pozostałym cukrem. Pokrój w plasterki i umieść sześć na natłuszczonej blasze do ciastek (na ciasteczka) i włóż do mikrofalówki na 2 minuty na wysokim poziomie. Studzimy na metalowej kratce i powtarzamy z resztą ciasteczek.

Chleb bananowy do mikrofalówki

Wydajność: 450 g / 1 funt bochenka

75 g / 3 uncje / 1/3 szklanki miękkiego masła lub margaryny

175 g / 6 uncji / ¾ szklanki cukru pudru (bardzo drobnego)

2 jajka, lekko ubite

200 g / 7 uncji / 1¾ szklanki mąki zwykłej (uniwersalnej)

10 ml / 2 łyżeczki proszku do pieczenia

2,5 ml / ½ łyżeczki sody oczyszczonej (soda oczyszczona)

szczypta soli

2 dojrzałe banany

15 ml / 1 łyżka soku z cytryny

60 ml / 4 łyżki mleka

50 g / 2 uncje / ½ szklanki posiekanych orzechów włoskich

Masło lub margarynę utrzeć z cukrem na jasną i puszystą masę. Stopniowo dodajemy jajka, następnie mąkę, proszek do pieczenia, sodę oczyszczoną i sól. Rozgnieć banany z sokiem z cytryny, a następnie dodaj do mieszanki mleka i orzechów. Przełóż łyżką do natłuszczonej i oprószonej mąką formy do kuchenki mikrofalowej o gramaturze 450 g (forma na muffiny) i wstaw do kuchenki mikrofalowej nastawionej na maksymalną moc przez 12 minut. Wyjmij z piekarnika, przykryj folią aluminiową i odstaw do ostygnięcia na 10 minut, następnie przełóż na metalową kratkę, aby dokończyć studzenie.

Chleb serowy z mikrofali

Wydajność: 450 g / 1 funt bochenka

50 g / 2 uncje / ¼ szklanki masła lub margaryny

250 ml / 8 uncji / 1 szklanka mleka

2 jajka, lekko ubite

225 g / 8 uncji / 2 szklanki mąki zwykłej (uniwersalnej)

10 ml / 2 łyżeczki proszku do pieczenia

10 ml / 2 łyżeczki musztardy w proszku

2,5 ml / ½ łyżeczki soli

175 g / 6 uncji / 1½ szklanki startego sera Cheddar

Rozpuść masło lub margarynę w małej misce na dużym ogniu przez 1 minutę. Dodaj mleko i jajka. Wymieszaj mąkę, proszek do pieczenia, musztardę, sól i 100 g sera. Dodaj mieszaninę mleka, aż dobrze się połączy. Przełóż łyżką do miski nadającej się do kuchenki mikrofalowej i wstaw na duży ogień na 9 minut. Posypać pozostałym serem, przykryć folią i odstawić na 20 minut.

Chleb Pekan z Mikrofalówki

Wydajność: 450 g / 1 funt bochenka

225 g / 8 uncji / 2 szklanki mąki zwykłej (uniwersalnej)

300 g / 10 uncji / 1 ¼ szklanki drobnego cukru (bardzo drobnego).

5 ml / 1 łyżeczka proszku do pieczenia

szczypta soli

100 g / 4 uncje / ½ szklanki miękkiego masła lub margaryny

150 ml / ¼ pkt / 2/3 szklanki mleka

2,5 ml / ½ łyżeczki esencji waniliowej (ekstrakt)

4 białka jaj

50 g / 2 uncje / ½ szklanki posiekanych orzechów włoskich

Wymieszaj mąkę, cukier, proszek do pieczenia i sól. Dodajemy masło lub margarynę, następnie mleko i esencję waniliową. Białka ubijamy na kremową masę, następnie dodajemy orzechy włoskie. Przełóż łyżką do natłuszczonej i oprószonej mąką formy do kuchenki mikrofalowej o gramaturze 450 g (forma na muffiny) i wstaw do kuchenki mikrofalowej nastawionej na maksymalną moc przez 12 minut. Wyjmij z piekarnika, przykryj folią aluminiową i odstaw do ostygnięcia na 10 minut, następnie przełóż na metalową kratkę, aby dokończyć studzenie.

Ciasto Amaretti bez pieczenia

Na ciasto o średnicy 20 cm / 8 cali

100 g / 4 uncje / ½ szklanki masła lub margaryny

175 g / 6 uncji / 1 ½ szklanki gładkiej (półsłodkiej) czekolady

75 g / 3 uncje herbatników Amaretti (herbatniki), grubo pokruszonych

175 g / 6 uncji / 1½ szklanki posiekanych orzechów włoskich

50 g / 2 uncje / ½ szklanki orzeszków piniowych

75 g / 3 uncje / 1/3 szklanki glazurowanych (kandowanych) wiśni, posiekanych

30 ml / 2 łyżki Grand Marnier

225 g / 8 uncji / 1 szklanka serka mascarpone

Rozpuść masło lub margarynę i czekoladę w żaroodpornej misce ustawionej nad garnkiem z gotującą się wodą. Zdjąć z ognia i dodać ciasteczka, orzechy włoskie i wiśnie. Przelać do formy kanapkowej (patelni) wyłożonej folią spożywczą (folią plastikową) i delikatnie docisnąć. Pozostawić do ostygnięcia na 1 godzinę, aż zastygnie. Ułożyć na talerzu do serwowania i zdjąć folię spożywczą. Wymieszaj Grand Marnier z Mascarpone i umieść na spodzie.

Amerykańskie chrupiące paluszki ryżowe

Wychodzi około 24 taktów

50 g / 2 uncje / ¼ szklanki masła lub margaryny

225 g białych pianek marshmallow

5 ml / 1 łyżeczka esencji waniliowej (ekstrakt)

150 g / 5 uncji / 5 filiżanek dmuchanych płatków ryżowych

Rozpuść masło lub margarynę na dużej patelni na małym ogniu. Dodaj pianki i gotuj, mieszając, aż pianki się rozpuszczą, a mieszanina stanie się syropowata. Zdjąć z ognia i dodać esencję waniliową. Mieszaj płatki ryżowe, aż zostaną równomiernie pokryte. Wciśnij do kwadratowej formy o średnicy 23 cm i pokrój w słupki. Niech odpocznie.

kwadraty morelowe

przed 12

50 g / 2 uncje / ¼ szklanki masła lub margaryny

175 g / 6 uncji / 1 mała puszka mleka skondensowanego

15 ml / 1 łyżka jasnego miodu

45 ml / 3 łyżki soku jabłkowego

50 g / 2 uncje / ¼ szklanki miękkiego brązowego cukru

50 g / 2 uncje / 1/3 szklanki sułtanek (złotych rodzynek)

225 g / 8 uncji / 11/3 szklanki suszonych moreli z puszki, posiekanych

100 g / 4 uncje / 1 szklanka suszonego kokosa (rozdrobnionego)

225 g / 8 uncji / 2 szklanki płatków owsianych

Masło lub margarynę roztopić z mlekiem, miodem, sokiem jabłkowym i cukrem. Wymieszać z pozostałymi składnikami. Wlać do natłuszczonej formy do pieczenia o średnicy 25 cm / 12 cm i ostudzić przed pokrojeniem w kostkę.

Szwajcarskie ciasto morelowe

Na ciasto o średnicy 23 cm / 9 cali

400 g / 14 uncji / 1 duża puszka Połówki moreli, odsączone i zachowany sok

50 g / 2 uncje / ½ szklanki budyniu w proszku

75 g / 3 uncje / ¼ szklanki galaretki morelowej (przezroczysta z puszki)

75 g / 3 uncje / ½ szklanki gotowych do spożycia suszonych moreli, posiekanych

400 g / 14 uncji / 1 duża puszka skondensowanego mleka

225 g / 8 uncji / 1 szklanka twarogu

45 ml / 3 łyżki soku z cytryny

1 bułka szwajcarska, pokrojona w plasterki

Przygotuj sok morelowy z wodą do objętości 500 ml / 17 uncji / 2¼ filiżanki. Wymieszaj proszek budyniowy z odrobiną płynu, aby uzyskać pastę, a resztę zagotuj. Dodaj budyń i galaretkę morelową i gotuj, ciągle mieszając, aż zgęstnieje i będzie lśniący. Zmiażdż morele z puszki i dodaj do mieszanki z suszonymi morelami. Pozostawić do ostygnięcia, od czasu do czasu mieszając.

Wymieszaj skondensowane mleko, twarożek i sok z cytryny, aż dobrze się połączą, a następnie dodaj do mieszanki żelatyny. Formę do ciasta o średnicy 23 cm wyłóż folią spożywczą (folią plastikową) i ułóż plasterki rolady szwajcarskiej (galaretki) na dnie i bokach formy. Wlać masę ciasta i odstawić. Ostrożnie wyjmij, gdy będzie gotowy do podania.

Zepsute ciasteczka

przed 12

100 g / 4 uncje / ½ szklanki masła lub margaryny

30 ml / 2 łyżki cukru pudru (bardzo drobny)

15 ml / 1 łyżka golden syropu (jasna kukurydziana)

30 ml / 2 łyżki kakao (niesłodzonej czekolady)

225 g / 8 uncji / 2 szklanki pokruszonych krakersów (ciasteczek)

50 g / 2 uncje / 1/3 szklanki sułtanek (złotych rodzynek)

Rozpuść masło lub margarynę z cukrem i syropem, nie doprowadzając do wrzenia. Dodać kakao, ciasteczka i rodzynki. Wlać do natłuszczonej formy do pieczenia o średnicy 25 cm/10, pozostawić do ostygnięcia i wstawić do lodówki, aż ciasto będzie twarde. Pokrój w kwadraty.

Żadnego pieczenia ciasta maślanego

Na ciasto o średnicy 23 cm / 9 cali

30 ml / 2 łyżki kremu cukierniczego w proszku

100 g / 4 uncje / ½ szklanki cukru pudru (bardzo drobnego)

450 ml / ¾ pt / 2 szklanki mleka

175 ml / 6 uncji / ¾ szklanki maślanki

25 g / 1 uncja / 2 łyżki masła lub margaryny

400 g / 12 uncji gładkich ciasteczek (ciasteczek), pokruszonych

120 ml / 4 uncje / ½ szklanki śmietanki do ubijania

Wymieszaj śmietanę z cukrem, aż uzyskasz pastę z odrobiną mleka. Pozostałe mleko zagotuj. Wmieszaj pastę, następnie całą mieszaninę włóż na patelnię i mieszaj na małym ogniu przez około 5 minut, aż zgęstnieje. Dodać maślankę i masło lub margarynę. Ułóż pokruszone ciasteczka i mieszankę kremu w tortownicy o średnicy 23 cm wyłożonej folią lub szklanym blatem. Delikatnie dociśnij i przechowuj w lodówce aż do stężenia. Śmietanę ubić na sztywną pianę i nałożyć na ciasto kremowe różyczki. Podawać z talerza lub ostrożnie podnosić i podawać.

plasterek kasztana

Na bochenek o masie 900 g / 2 funty

225 g / 8 uncji / 2 szklanki gładkiej (półsłodkiej) czekolady

100 g / 4 uncje / ½ szklanki miękkiego masła lub margaryny

100 g / 4 uncje / ½ szklanki cukru pudru (bardzo drobnego)

450 g / 1 lb / 1 duża puszka niesłodzonego puree z kasztanów

25 g / 1 uncja / ¼ szklanki mąki ryżowej

Kilka kropli esencji waniliowej (ekstrakt)

150 ml / ¼ pkt / 2/3 szklanki śmietanki do ubijania

Tarta czekolada do dekoracji

Rozpuść czystą czekoladę w żaroodpornej misce ustawionej nad garnkiem z wrzącą wodą. Masło lub margarynę utrzeć z cukrem na jasną i puszystą masę. Dodać puree z kasztanów, czekoladę, mąkę ryżową i esencję waniliową. Przenieś do natłuszczonej i wyłożonej papierem formy do pieczenia chleba (900 g/2 funty) i schładzaj, aż stwardnieje. Przed podaniem udekoruj bitą śmietaną i startą czekoladą.

ciasto kasztanowe

Wydajność ciasta 900g / 2lb

Na ciasto:

400 g / 14 uncji / 1 duża puszka słodzonego puree z kasztanów

100 g / 4 uncje / ½ szklanki miękkiego masła lub margaryny

1 jajko

Kilka kropli esencji waniliowej (ekstrakt)

30 ml / 2 łyżki brandy

24 ciastka

Na lukier:

30 ml / 2 łyżki kakao (niesłodzonej czekolady)

15 ml / 1 łyżka cukru pudru (bardzo drobnego).

30 ml / 2 łyżki wody

Na krem maślany:

100 g / 4 uncje / ½ szklanki miękkiego masła lub margaryny

100 g / 4 uncje / 2/3 szklanki przesianego cukru pudru (cukierniczego)

15 ml / 1 łyżka esencji kawowej (ekstraktu)

Na ciasto połączyć puree z kasztanów, masło lub margarynę, jajko, esencję waniliową i 15 ml / 1 łyżka brandy i ubić na gładką masę. Nasmaruj tłuszczem formę do pieczenia chleba o gramaturze 900 g/2 funty, a następnie wyłóż spód i boki palcami biszkoptu. Posmaruj ciasteczka pozostałą brandy i wlej na środek mieszaninę kasztanów. Pozwól stwardnieć.

Podnieś puszkę i usuń papierową okładkę. Składniki lukieru rozpuścić w żaroodpornej misce ustawionej nad garnkiem z wrzącą wodą i wymieszać na gładką masę. Pozostawić do lekkiego ostygnięcia, a następnie posmarować większość lukru na wierzchu ciasta. Składniki na krem maślany ubić na gładką masę, a następnie wymieszać wokół krawędzi ciasta. Na koniec posmaruj zarezerwowanym lukrem.

Batony czekoladowe i migdałowe

przed 12

175 g / 6 uncji / 1 ½ szklanki gładkiej (półsłodkiej) czekolady, posiekanej

3 jajka, oddzielone

120 ml / 4 uncje / ½ szklanki mleka

10 ml / 2 łyżeczki żelatyny w proszku

120 ml / 4 uncje / ½ szklanki śmietanki podwójnej (ciężkiej)

45 ml / 3 łyżki cukru pudru (bardzo drobny)

60 ml / 4 łyżki płatków migdałowych (posiekanych), podpieczonych

Rozpuść czekoladę w żaroodpornej misce ustawionej nad garnkiem z wrzącą wodą. Zdjąć z ognia i ubić żółtka. W osobnym rondlu zagotuj mleko, następnie dodaj żelatynę. Dodać masę czekoladową, a następnie dodać śmietankę. Białka ubijamy na sztywną pianę, następnie dodajemy cukier i ponownie ubijamy, aż masa będzie sztywna i błyszcząca. Pracuj w mieszaninie. Wlać do natłuszczonej i wyłożonej papierem formy do pieczenia chleba o masie 450 g, posypać prażonymi migdałami i pozostawić do ostygnięcia, następnie wstawić do lodówki na co najmniej 3 godziny, aż masa stwardnieje. Odwróć i pokrój w grube plastry i podawaj.

chrupiące ciasto czekoladowe

Wydajność: 450 g / 1 funt bochenka

150 g / 5 uncji / 2/3 szklanki masła lub margaryny

30 ml / 2 łyżki golden syropu (jasna kukurydza)

175 g / 6 uncji / 1 ½ szklanki okruszków krakersów trawiennych (graham cracker)

50 g / 2 uncje / 2 szklanki dmuchanych płatków ryżowych

25 g / 1 uncja / 3 łyżki sułtanek (złotych rodzynek)

25 g / 1 uncja / 2 łyżki posiekanych glazurowanych (kandyzowanych) wiśni

225 g / 8 uncji / 2 szklanki kawałków czekolady

30 ml / 2 łyżki wody

175 g / 6 uncji / 1 szklanka cukru pudru (cukierniczego), przesianego

Rozpuść 100 g masła lub margaryny z syropem, następnie zdejmij z ognia i dodaj bułkę tartą, płatki zbożowe, rodzynki, wiśnie i trzy czwarte kawałków czekolady. Łyżką włóż do natłuszczonej i wylanej 450 g ośatki i wygładź wierzch. Pozwól stwardnieć. Rozpuść pozostałe masło lub margarynę z pozostałą czekoladą i wodą. Dodaj cukier puder i mieszaj, aż masa będzie gładka. Wyjmij ciasto z formy i przekrój je wzdłuż na pół. Połóż kanapkę z połową polewy czekoladowej na talerzu i posyp resztą polewy. Ostudzić przed podaniem.

Czekoladowe kwadraty

około 24 lata temu

225 g krakersów trawiennych (krakersy graham)

100 g / 4 uncje / ½ szklanki masła lub margaryny

25 g / 1 uncja / 2 łyżki cukru pudru (bardzo drobny)

15 ml / 1 łyżka golden syropu (jasna kukurydziana)

45 ml / 3 łyżki kakao (niesłodzonej czekolady)

200 g / 7 uncji / 1¾ szklanki polewy czekoladowej do ciasta

Włóż ciasteczka do plastikowej torby i rozgnieć wałkiem do ciasta. Na patelni roztapiamy masło lub margarynę, następnie dodajemy cukier i syrop. Zdjąć z ognia, dodać bułkę tartą i kakao. Przełóż do natłuszczonej i wypełnionej kwadratowej formy o średnicy 18 cm i równomiernie dociśnij. Pozostawić do ostygnięcia, a następnie przechowywać w lodówce, aż stwardnieje.

Rozpuść czekoladę w żaroodpornej misce ustawionej nad garnkiem z wrzącą wodą. Rozsmarować na biszkopcie, a kiedy stwardnieje, naciąć go widelcem. Stwardniałe pokroić w kwadraty.

ciasto czekoladowe w lodówce

Na ciasto o masie 450 g / 1 funt

100 g / 4 uncje / ½ szklanki miękkiego brązowego cukru

100 g / 4 uncje / ½ szklanki masła lub margaryny

50 g / 2 uncje / ½ szklanki pitnej czekolady w proszku

25 g / 1 uncja / ¼ szklanki kakao w proszku (niesłodzona czekolada)

30 ml / 2 łyżki golden syropu (jasna kukurydza)

150 g krakersów trawiennych (Graham Crackers) lub herbatników bogatych w herbatę

50 g glazurowanych wiśni (kandowanych) lub mieszanki orzechów i rodzynek

100 g / 4 uncje / 1 filiżanka mlecznej czekolady

Cukier, masło lub margarynę, czekoladę pitną, kakao i syrop umieścić w rondelku i delikatnie podgrzewać, dobrze mieszając, aż masło się rozpuści. Zdjąć z ognia i pokruszyć na ciasteczka. Dodaj wiśnie lub orzechy włoskie i rodzynki i wlej do miski o masie 450 g. Przechowuj w lodówce.

Rozpuść czekoladę w żaroodpornej misce ustawionej nad garnkiem z wrzącą wodą. Wyłożyć na ostudzone ciasto i po upieczeniu pokroić.

Ciasto czekoladowo-owocowe

Na ciasto o średnicy 18 cm / 7 cali

100 g / 4 uncje / ½ szklanki roztopionego masła lub margaryny

100 g / 4 uncje / ½ szklanki miękkiego brązowego cukru

225 g / 8 uncji / 2 szklanki krakersów trawiennych (graham cracker)

50 g / 2 uncje / 1/3 szklanki sułtanek (złotych rodzynek)

45 ml / 3 łyżki kakao (niesłodzonej czekolady)

1 ubite jajko

Kilka kropli esencji waniliowej (ekstrakt)

Masło lub margarynę wymieszać z cukrem, następnie dodać pozostałe składniki i dobrze ubić. Włóż łyżką do natłuszczonej formy na kanapki o średnicy 18 cm/7 cali i gładkiej powierzchni. Przechowywać w lodówce do momentu zestalenia.

Czekoladowe Kwadraty Imbirowe

Robi 24

100 g / 4 uncje / ½ szklanki masła lub margaryny

100 g / 4 uncje / ½ szklanki miękkiego brązowego cukru

30 ml / 2 łyżki kakao (niesłodzonej czekolady)

1 jajko, lekko ubite

225 g / 8 uncji / 2 szklanki okruszków piernikowych

15 ml / 1 łyżka posiekanego krystalizowanego imbiru (kandyzowanego)

Rozpuść masło lub margarynę, następnie dodaj cukier i kakao, aż dobrze się połączą. Wymieszaj jajka, bułkę tartą i imbir. Wciśnij do formy do bułek szwajcarskich (forma na muffinki z galaretką) i wstaw do lodówki, aż stwardnieje. Pokrój w kwadraty.

Luksusowe czekoladowe kwadraty imbirowe

Robi 24

100 g / 4 uncje / ½ szklanki masła lub margaryny

100 g / 4 uncje / ½ szklanki miękkiego brązowego cukru

30 ml / 2 łyżki kakao (niesłodzonej czekolady)

1 jajko, lekko ubite

225 g / 8 uncji / 2 szklanki okruszków piernikowych

15 ml / 1 łyżka posiekanego krystalizowanego imbiru (kandyzowanego)

100 g / 4 uncje / 1 szklanka gładkiej (półsłodkiej) czekolady

Rozpuść masło lub margarynę, następnie dodaj cukier i kakao, aż dobrze się połączą. Wymieszaj jajka, bułkę tartą i imbir. Wciśnij do formy do bułek szwajcarskich (forma na muffinki z galaretką) i wstaw do lodówki, aż stwardnieje.

Rozpuść czekoladę w żaroodpornej misce ustawionej nad garnkiem z wrzącą wodą. Rozsmaruj ciasto i daj mu odpocząć. Pokrój w kwadraty, gdy czekolada będzie już prawie twarda.

Ciasteczka z kawałkami czekolady miodowej

przed 12

225 g / 8 uncji / 1 szklanka masła lub margaryny

30 ml / 2 łyżki jasnego miodu

90 ml / 6 łyżek proszku karobowego lub kakaowego (niesłodzonej czekolady).

225 g / 8 uncji / 2 szklanki kruchego ciasta (ciasteczka)

Rozpuść masło lub margarynę, miód i proszek karobowy lub kakao na patelni, aż dobrze się połączą. Dodaj okruszki ciasteczek. Przełóż łyżką do natłuszczonej formy do ciasta o średnicy 20 cm i pozostaw do ostygnięcia, a następnie pokrój w kostkę.

warstwowe ciasto czekoladowe

Na ciasto o masie 450 g / 1 funt

300 ml / ½ punktu / 1¼ szklanki śmietanki podwójnej (ciężkiej)

225 g / 8 uncji / 2 szklanki gładkiej (półsłodkiej) czekolady, połamanej

5 ml / 1 łyżeczka esencji waniliowej (ekstrakt)

20 zwykłych ciasteczek (ciasteczek)

Podgrzej śmietanę na patelni na małym ogniu, aż prawie się zagotuje. Zdjąć z ognia, dodać czekoladę, wymieszać, przykryć i odstawić na 5 minut. Dodaj esencję waniliową i mieszaj, aż dobrze się połączą, a następnie schładzaj, aż mieszanina zacznie gęstnieć.

Formę do pieczenia chleba o pojemności 450 g (blachę) wyłóż folią spożywczą (folią plastikową). Na spód wykładamy warstwę czekolady, a na wierzch układamy kilka ciasteczek. Kontynuuj układanie warstw czekolady i ciastek, aż je zużyjesz. Zakończ warstwą czekolady. Przykryj folią spożywczą i schładzaj przez co najmniej 3 godziny. Wyjmij ciasto i usuń folię spożywczą.

dobre batony czekoladowe

przed 12

100 g / 4 uncje / ½ szklanki masła lub margaryny

30 ml / 2 łyżki golden syropu (jasna kukurydza)

30 ml / 2 łyżki kakao (niesłodzonej czekolady)

225 g / 8 uncji / 1 opakowanie Pretty lub Plain Biscuits, pokruszone

100 g / 4 uncje / 1 szklanka gładkiej (półsłodkiej) czekolady, pokrojonej w kostkę

Rozpuść masło lub margarynę z syropem, zdejmij z ognia i dodaj kakao oraz pokruszone ciasteczka. Rozłóż mieszaninę w kwadratowej formie do ciasta o średnicy 23 cm i wyrównaj powierzchnię. Rozpuść czekoladę w żaroodpornej misce ustawionej nad garnkiem z wrzącą wodą i rozprowadź ją po powierzchni. Pozostawić do lekkiego ostygnięcia, następnie pokroić w słupki lub kwadraty i przechowywać w lodówce do stwardnienia.

Czekoladowe pralinki w kwadratach

przed 12

100 g / 4 uncje / ½ szklanki masła lub margaryny

30 ml / 2 łyżki cukru pudru (bardzo drobny)

15 ml / 1 łyżka golden syropu (jasna kukurydziana)

15 ml / 1 łyżka proszku czekolady pitnej

8 uncji / 225 g Krakersy trawienne (Graham Crackers), pokruszone

200 g / 7 uncji / 1¾ szklanki gładkiej (półsłodkiej) czekolady

100 g / 4 uncje / 1 szklanka posiekanych orzechów

W rondelku rozpuść masło lub margarynę, cukier, syrop i czekoladę pitną. Doprowadzić do wrzenia, następnie gotować na wolnym ogniu przez 40 sekund. Zdjąć z ognia i dodać krakersy i orzechy. Wciśnij do natłuszczonej formy do ciasta (28 x 18 cm / 11 x 7 cali). Rozpuść czekoladę w żaroodpornej misce ustawionej nad garnkiem z gotującą się wodą. Rozłóż na ciasteczkach i pozostaw do ostygnięcia, następnie wstaw do lodówki na 2 godziny przed pokrojeniem w kostkę .

płatki kokosowe

przed 12

100 g / 4 uncje / 1 szklanka gładkiej (półsłodkiej) czekolady

30 ml / 2 łyżki mleka

30 ml / 2 łyżki golden syropu (jasna kukurydza)

100 g / 4 uncje / 4 szklanki dmuchanych płatków ryżowych

50 g / 2 uncje / ½ szklanki suszonego kokosa (rozdrobnionego)

W rondelku rozpuścić czekoladę, mleko i syrop. Zdjąć z ognia i dodać płatki zbożowe i kokos. Umieścić w papierowych pudełkach po ciastkach (papierach do babeczek) i pozostawić do zastygnięcia.

chrupiące paluszki

przed 12

175 g / 6 uncji / ¾ szklanki masła lub margaryny

50 g / 2 uncje / ¼ szklanki miękkiego brązowego cukru

30 ml / 2 łyżki golden syropu (jasna kukurydza)

45 ml / 3 łyżki kakao (niesłodzonej czekolady)

75 g / 3 uncje / ½ szklanki rodzynek lub rodzynek (złotych rodzynek)

350 g / 12 uncji / 3 filiżanki płatków owsianych Crunch

225 g / 8 uncji / 2 szklanki gładkiej (półsłodkiej) czekolady

Rozpuść masło lub margarynę z cukrem, syropem i kakao. Dodaj rodzynki lub rodzynki i płatki zbożowe. Wciśnij mieszaninę do natłuszczonej formy do pieczenia o średnicy 25 cm (forma na muffiny). Rozpuść czekoladę w żaroodpornej misce ustawionej nad garnkiem z gotującą się wodą. Rozłóż na batoniki i pozostaw do ostygnięcia, a następnie ostudź przed pocięciem na batoniki.

Chipsy kokosowo-rodzynkowe

przed 12

100 g / 4 uncje / 1 filiżanka białej czekolady

30 ml / 2 łyżki mleka

30 ml / 2 łyżki golden syropu (jasna kukurydza)

175 g / 6 uncji / 6 filiżanek płatków ryżowych dmuchanych

50 g / 2 uncje / 1/3 szklanki rodzynek

W rondelku rozpuścić czekoladę, mleko i syrop. Zdjąć z ognia i dodać płatki i rodzynki. Umieścić w papierowych pudełkach po ciastkach (papierach do babeczek) i pozostawić do zastygnięcia.

Kwadraty z mlekiem kawowym

przed 20

25 g / 1 uncja / 2 łyżki żelatyny w proszku

75 ml / 5 łyżek zimnej wody

225 g / 8 uncji / 2 szklanki zwykłych ciasteczek

50 g roztopionego masła lub margaryny

400 g / 14 uncji / 1 duża puszka mleka skondensowanego

150 g / 5 uncji / 2/3 szklanki drobnego cukru (bardzo drobnego).

400 ml / 14 uncji / 1¾ filiżanki mocnej czarnej kawy, mrożonej

Do dekoracji bita śmietana i plasterki kandyzowanej pomarańczy (kandyzowane).

W misce rozprowadź żelatynę w wodzie i pozostaw do wyrośnięcia. Miskę wstaw do garnka z gorącą wodą i poczekaj, aż się rozpuści. Lekko ostudzić. Okruszki ciasteczek wymieszać z roztopionym masłem i wcisnąć na dno i boki natłuszczonej prostokątnej formy o wymiarach 30 x 20 cm (forma na muffiny). Mleko skondensowane ubić na gęstą masę, stopniowo dodawać cukier, a następnie rozpuszczoną żelatynę. i kawą.Wylej na spód i ostudź aż stwardnieje.Pokrój w kwadraty i udekoruj bitą śmietaną oraz plasterkami kandyzowanych pomarańczy (kandyzowanych).

żadnego pieczenia ciast owocowych

Na ciasto o średnicy 23 cm / 9 cali

450 g / 1 funt / 22/3 szklanki suszonych owoców (mieszanka ciast owocowych)

450 g / 1 funt zwykłych herbatników (herbatników), pokruszonych

100 g / 4 uncje / ½ szklanki roztopionego masła lub margaryny

100 g / 4 uncje / ½ szklanki miękkiego brązowego cukru

400 g / 14 uncji / 1 duża puszka skondensowanego mleka

5 ml / 1 łyżeczka esencji waniliowej (ekstrakt)

Mieszaj wszystkie składniki, aż dobrze się połączą. Przełóż łyżką do natłuszczonej formy do ciasta o średnicy 23 cm (formy) wyłożonej folią spożywczą i dociśnij. Pozwól stwardnieć.

kwadraty owocowe

około 12

100 g / 4 uncje / ½ szklanki masła lub margaryny

100 g / 4 uncje / ½ szklanki miękkiego brązowego cukru

400 g / 14 uncji / 1 duża puszka skondensowanego mleka

5 ml / 1 łyżeczka esencji waniliowej (ekstrakt)

250 g / 9 uncji / 1 ½ szklanki mieszanych suszonych owoców (mieszanka ciast owocowych)

100 g / 4 uncje / ½ szklanki glazurowanych wiśni (kandyzowanych)

50 g / 2 uncje / ½ szklanki posiekanych mieszanych orzechów

400 g / 14 uncji zwykłych ciasteczek (herbatników), pokruszonych

Rozpuść masło lub margarynę z cukrem na małym ogniu. Dodać skondensowane mleko i esencję waniliową i zdjąć z ognia. Wymieszaj pozostałe składniki. Wciśnij do natłuszczonej szwajcarskiej formy na muffiny (forma na muffinki z galaretką) i wstaw do lodówki na 24 godziny, aż stwardnieje. Pokrój w kwadraty.

Pękają owoce i błonnik

przed 12

100 g / 4 uncje / 1 szklanka gładkiej (półsłodkiej) czekolady

50 g / 2 uncje / ¼ szklanki masła lub margaryny

15 ml / 1 łyżka golden syropu (jasna kukurydziana)

100 g / 4 uncje / 1 szklanka płatków śniadaniowych z owocami i błonnikiem

Rozpuść czekoladę w żaroodpornej misce ustawionej nad garnkiem z wrzącą wodą. Masło lub margarynę utrzeć z syropem. Dodaj płatki. Przelać do papierowych pudełek (papierek do babeczek) i pozostawić do ostygnięcia i stwardnienia.

ciasto nugatowe

Wydajność ciasta 900g / 2lb

15 g / ½ uncji / 1 łyżka sproszkowanej żelatyny

100 ml / 3½ uncji / 6½ łyżki wody

1 opakowanie małych gąbek

225 g / 8 uncji / 1 szklanka miękkiego masła lub margaryny

50 g / 2 uncje / ¼ szklanki cukru pudru (bardzo drobnego)

400 g / 14 uncji / 1 duża puszka skondensowanego mleka

5 ml / 1 łyżeczka soku z cytryny

5 ml / 1 łyżeczka esencji waniliowej (ekstrakt)

5 ml / 1 łyżeczka kwasu winowego

100 g / 4 uncje / 2/3 szklanki mieszanych suszonych owoców (mieszanka ciast owocowych), posiekanych

Wlać żelatynę do wody w małej misce, następnie umieścić miskę w garnku z gorącą wodą, aż żelatyna będzie przezroczysta. Pozwól mu trochę ostygnąć. Formę do pieczenia chleba (900 g / 2 funty) wyłóż folią aluminiową tak, aby folia zakrywała górę formy, a następnie połóż połowę ciastek na spodzie. Masło lub margarynę utrzeć z cukrem na kremową masę, następnie dodać wszystkie pozostałe składniki. Przełóż łyżką do formy i połóż na niej pozostałe ciasteczka. Przykryj folią aluminiową i połóż na wierzchu ciężarek. Pozwól stwardnieć.

Kwadraty mleka i gałki muszkatołowej

przed 20

Dla podkładu:

225 g / 8 uncji / 2 szklanki zwykłych ciasteczek

30 ml / 2 łyżki miękkiego brązowego cukru

2,5 ml / ½ łyżeczki startej gałki muszkatołowej

100 g / 4 uncje / ½ szklanki roztopionego masła lub margaryny

Do wypełnienia:

1,2 litra / 2 punkty / 5 szklanek mleka

25 g / 1 uncja / 2 łyżki masła lub margaryny

2 jajka, oddzielone

225 g / 8 uncji / 1 szklanka cukru pudru (bardzo drobnego)

100 g / 4 uncje / 1 szklanka mąki kukurydzianej (skrobi kukurydzianej)

50 g / 2 uncje / ½ szklanki mąki zwykłej (uniwersalnej)

5 ml / 1 łyżeczka proszku do pieczenia

Szczypta startej gałki muszkatołowej

starta gałka muszkatołowa do posypania

Aby przygotować spód, wymieszaj okruchy krakersów, cukier i gałkę muszkatołową z roztopionym masłem lub margaryną i wciśnij w spód natłuszczonej formy do ciasta o wymiarach 30 x 20 cm.

Aby przygotować nadzienie, zagotuj 1 litr / 1¾ punktów / 4¼ szklanki mleka w dużym rondlu. Dodaj masło lub margarynę. Żółtka ubić z resztą mleka. Dodać cukier, skrobię kukurydzianą, mąkę, proszek do pieczenia i gałkę muszkatołową. Część wrzącego mleka ubić na gładką masę z żółtkami, następnie wmieszać pastę do wrzącego mleka, ciągle mieszając, na małym ogniu przez kilka minut, aż masa zgęstnieje. Zdjąć z ognia. Białka ubić na sztywną pianę, a następnie dodać je do masy. Wylać na spód i obficie posypać gałką muszkatołową. Przed podaniem pozostawić do ostygnięcia, schłodzić i pokroić w kostkę.

chrupiące musli

wychodzi około 16 kwadratów

400 g / 14 uncji / 3½ szklanki gładkiej (półsłodkiej) czekolady

45 ml / 3 łyżki złotego syropu (jasna kukurydziana)

25 g / 1 uncja / 2 łyżki masła lub margaryny

Około 225 g / 8 uncji / 2/3 szklanki musli

Rozpuść połowę czekolady, syrop i masło lub margarynę. Stopniowo dodawaj tyle musli, aby uzyskać sztywną mieszankę. Wciśnij w wysmarowaną masłem bułkę szwajcarską (bułkę z galaretką). Rozpuść pozostałą czekoladę i wygładź wierzch. Pozostawić do ostygnięcia w lodówce przed pokrojeniem na kwadraty.

Pomarańczowe kwadraty z pianki

przed 20

25 g / 1 uncja / 2 łyżki żelatyny w proszku

75 ml / 5 łyżek zimnej wody

225 g / 8 uncji / 2 szklanki zwykłych ciasteczek

50 g roztopionego masła lub margaryny

400 g / 14 uncji / 1 duża puszka mleka skondensowanego

150 g / 5 uncji / 2/3 szklanki drobnego cukru (bardzo drobnego).

400 ml / 14 uncji / 1¾ szklanki soku pomarańczowego

Bita śmietana i słodycze czekoladowe do dekoracji

W misce rozprowadź żelatynę w wodzie i pozostaw do wyrośnięcia. Miskę wstaw do garnka z gorącą wodą i poczekaj, aż się rozpuści. Lekko ostudzić. Okruszki wymieszać z roztopionym masłem i wcisnąć na dno i boki natłuszczonej, płytkiej formy do pieczenia o wymiarach 30 x 20 cm / 12 x 8. Mleko ubić na gęstą masę, następnie stopniowo dodawać cukier, następnie rozpuszczoną żelatynę i sok pomarańczowy. Wylać na spód i przechowywać w lodówce aż stwardnieje. Pokrój w kwadraty i udekoruj bitą śmietaną i czekoladowymi cukierkami.

kwadraty orzechowe

przed 18

225 g / 8 uncji / 2 szklanki zwykłych ciasteczek

100 g / 4 uncje / ½ szklanki roztopionego masła lub margaryny

225 g / 8 uncji / 1 szklanka chrupiącego masła orzechowego

25 g / 1 uncja / 2 łyżki glazurowanych wiśni (kandyzowanych)

25 g / 1 uncja / 3 łyżki porzeczek

Mieszaj wszystkie składniki, aż dobrze się połączą. Wlać do natłuszczonej formy do pieczenia (naczynia do pieczenia) o średnicy 25 cm / 12 i pozostawić do ostygnięcia, a następnie pokroić w kwadraty.

Miętowe Ciasta Cukrowe

Kończy 16 lat

400 g / 14 uncji / 1 duża puszka skondensowanego mleka

600 ml / 1 punkt / 2½ szklanki mleka

30 ml / 2 łyżki kremu cukierniczego w proszku

225 g / 8 uncji / 2 szklanki krakersów trawiennych (graham cracker)

100 g / 4 uncje / 1 filiżanka miętowej czekolady, połamanej na kawałki

Umieść nieotwartą puszkę skondensowanego mleka w rondlu wypełnionym taką ilością wody, aby zakryła puszkę. Doprowadź do wrzenia, przykryj i gotuj na wolnym ogniu przez 3 godziny, w razie potrzeby uzupełniając wrzącą wodą. Pozostawić do ostygnięcia, następnie otworzyć puszkę i wyjąć karmel.

Podgrzej 500 ml / 17 uncji / 2¼ szklanki mleka z karmelem, zagotuj i mieszaj, aż się rozpuści. Proszek budyniowy wymieszać z resztą mleka na pastę, następnie wlać go na patelnię i gotować na małym ogniu, ciągle mieszając, aż zgęstnieje. Połowę okruszków ciasteczek rozsmaruj na dnie natłuszczonej kwadratowej formy do ciasta o średnicy 20 cm, posyp połową budyniu karmelowego i posyp połową czekolady. Powtórz warstwy, a następnie pozostaw do ostygnięcia. Studzimy i następnie kroimy na porcje.

wafle ryżowe

Robi 24

175 g / 6 uncji / ½ szklanki jasnego miodu

225 g / 8 uncji / 1 szklanka granulowanego cukru

60 ml / 4 łyżki wody

350 g / 12 uncji / 1 opakowanie płatków ryżowych dmuchanych

100 g / 4 uncje / 1 szklanka prażonych orzeszków ziemnych

W dużym rondlu rozpuścić miód, cukier i wodę i pozostawić do ostygnięcia na 5 minut. Dodaj płatki i orzeszki ziemne. Uformuj kulki, przełóż do papierowych pudełek (papierek do babeczek) i pozostaw do ostygnięcia i stwardnienia.

Toffi z ryżem i czekoladą

Daje 225 g / 8 uncji

50 g / 2 uncje / ¼ szklanki masła lub margaryny

30 ml / 2 łyżki golden syropu (jasna kukurydza)

30 ml / 2 łyżki kakao (niesłodzonej czekolady)

60 ml / 4 łyżki cukru pudru (bardzo drobny)

50 g / 2 uncje / ½ szklanki mielonego ryżu

Rozpuść masło i syrop. Dodać kakao i cukier, aż się rozpuszczą, następnie dodać zmielony ryż. Doprowadzić do delikatnego wrzenia, zmniejszyć ogień i gotować przez 5 minut, ciągle mieszając. Wylać do natłuszczonej i wypełnionej kwadratowej formy (blachy do pieczenia) o średnicy 20 cm i pozostawić do lekkiego ostygnięcia. Pokrój go w kwadraty i pozostaw do całkowitego ostygnięcia przed wyjęciem z formy.

pasta migdałowa

Pokrywa górę i boki ciasta o średnicy 23 cm

225 g / 8 uncji / 2 szklanki mielonych migdałów

225 g / 8 uncji / 1 1/3 szklanki przesianego cukru pudru (cukierniczego)

225 g / 8 uncji / 1 szklanka cukru pudru (bardzo drobnego)

2 jajka, lekko ubite

10 ml / 2 łyżeczki soku z cytryny

Kilka kropli esencji migdałowej (ekstrakt)

Ubij migdały i cukier. Stopniowo dodawaj pozostałe składniki, aż powstanie gładka pasta. Zawinąć w folię spożywczą (plastikową) i przechowywać w lodówce przed użyciem.

pasta migdałowa bez cukru

Przykryj górę i boki ciasta o średnicy 15 cm

100 g / 4 uncje / 1 szklanka mielonych migdałów

50 g / 2 uncje / ½ szklanki fruktozy

25 g / 1 uncja / ¼ szklanki mąki kukurydzianej (skrobi kukurydzianej)

1 jajko, lekko ubite

Wymieszaj wszystkie składniki, aż uzyskasz gładką pastę. Zawinąć w folię spożywczą (plastikową) i przechowywać w lodówce przed użyciem.

lukier królewski

Przykryj górę i boki ciasta o średnicy 20 cm

5 ml / 1 łyżeczka soku z cytryny

2 białka jaj

450 g / 1 funt / 22/3 szklanki cukru pudru (cukierniczego), przesianego

5 ml / 1 łyżeczka gliceryny (opcjonalnie)

Wymieszaj sok z cytryny z białkami i stopniowo dodawaj cukier puder, aż lukier będzie gładki i biały i będzie pokrywał grzbiet łyżki. Kilka kropli gliceryny zapobiegnie nadmiernej łamliwości lukieru. Przykryć wilgotną ściereczką i pozostawić na 20 minut, aby na powierzchnię wypłynęły pęcherzyki powietrza.

Lukier o tej konsystencji możemy wylać na ciasto i wygładzić nożem zamoczonym w gorącej wodzie. Aby przygotować lukier, dodaj więcej cukru pudru, aby lukier był wystarczająco sztywny i utworzyły szczyty.

lukier bez cukru

Wystarczająco, aby przykryć ciasto o średnicy 15 cm
50 g / 2 uncje / ½ szklanki fruktozy

szczypta soli

1 białko jaja

2,5 ml / ½ łyżeczki soku z cytryny

Przetwórz sproszkowaną fruktozę w robocie kuchennym, aż będzie tak drobna jak cukier cukierniczy. Dodać sól. Przełożyć do żaroodpornej miski, dodać białko i sok z cytryny. Miskę postaw na garnku z gotującą się wodą i kontynuuj ubijanie, aż powstanie sztywna piana. Zdejmij z ognia i ubijaj, aż ostygnie.

lukier kremowy

Wystarczająco, aby przykryć ciasto o średnicy 20 cm

450 g / 1 funt / 2 filiżanki drobnego cukru (bardzo drobnego) lub cukru w kostkach

150 ml / ¼ pkt / 2/3 szklanki wody

15 ml / 1 łyżka płynnej glukozy lub 2,5 ml / ½ łyżeczki kwasu winowego

W dużym rondlu na małym ogniu rozpuść cukier w wodzie. Oczyść boki patelni szczoteczką zamoczoną w zimnej wodzie, aby zapobiec tworzeniu się kryształów. Krem z kamienia nazębnego rozpuścić w niewielkiej ilości wody i wymieszać na patelni. Doprowadzić do wrzenia i gotować nieprzerwanie w temperaturze 115°C/242°F, aż kropla glazury po wrzuceniu do zimnej wody utworzy gładką kulę. Syrop powoli wlewamy do żaroodpornego pojemnika i pozostawiamy do momentu, aż uformuje się kożuch. Ubijaj lukier drewnianą łyżką, aż stanie się nieprzezroczysty i sztywny. Ugniataj, aż będzie gładkie. Jeśli to konieczne, przed użyciem podgrzej w misce żaroodpornej ustawionej nad garnkiem z gorącą wodą, aby zmiękła.

lukier maślany

Wystarczająco, aby wypełnić i przykryć ciasto o średnicy 20 cm

100 g / 4 uncje / ½ szklanki miękkiego masła lub margaryny

225 g / 8 uncji / 11/3 szklanki przesianego cukru pudru (cukierniczego)

30 ml / 2 łyżki mleka

Masło lub margarynę utrzeć na puszystą masę. Stopniowo dodawaj cukier puder i mleko, aż składniki dobrze się połączą.

Posypka czekoladowa

Wystarczająco, aby wypełnić i przykryć ciasto o średnicy 20 cm

30 ml / 2 łyżki kakao (niesłodzonej czekolady)

15 ml / 1 łyżka wrzącej wody

100 g / 4 uncje / ½ szklanki miękkiego masła lub margaryny

225 g / 8 uncji / 11/3 szklanki przesianego cukru pudru (cukierniczego)

15 ml / 1 łyżka mleka

Kakao wymieszać z wrzącą wodą, aż powstanie pasta i pozostawić do ostygnięcia. Masło lub margarynę utrzeć na puszystą masę. Stopniowo dodawaj cukier puder, mleko i kakao, aż składniki dobrze się połączą.

Lukier z białej czekolady

Wystarczająco, aby wypełnić i przykryć ciasto o średnicy 20 cm

100 g / 4 uncje / 1 filiżanka białej czekolady

100 g / 4 uncje / ½ szklanki miękkiego masła lub margaryny

225 g / 8 uncji / 11/3 szklanki przesianego cukru pudru (cukierniczego)

15 ml / 1 łyżka mleka

Czekoladę rozpuścić w żaroodpornej misce ustawionej nad garnkiem z gotującą się wodą i pozostawić do lekkiego przestygnięcia. Masło lub margarynę utrzeć na puszystą masę. Stopniowo dodawaj cukier puder, mleko i czekoladę, aż składniki dobrze się połączą.

Lukier z masłem kawowym

Wystarczająco, aby wypełnić i przykryć ciasto o średnicy 20 cm

100 g / 4 uncje / ½ szklanki miękkiego masła lub margaryny

225 g / 8 uncji / 11/3 szklanki przesianego cukru pudru (cukierniczego)

15 ml / 1 łyżka mleka

15 ml / 1 łyżka esencji kawowej (ekstraktu)

Masło lub margarynę utrzeć na puszystą masę. Stopniowo dodawaj cukier puder, mleko i esencję kawową, aż składniki dobrze się połączą.

Całość posmarowana masłem cytrynowym

Wystarczająco, aby wypełnić i przykryć ciasto o średnicy 20 cm

100 g / 4 uncje / ½ szklanki miękkiego masła lub margaryny

225 g / 8 uncji / 11/3 szklanki przesianego cukru pudru (cukierniczego)

30 ml / 2 łyżki soku z cytryny

otarta skórka z 1 cytryny

Masło lub margarynę utrzeć na puszystą masę. Stopniowo dodawaj cukier cukierniczy, sok z cytryny i skórkę, aż składniki dobrze się połączą.

Krem maślany pomarańczowy

Wystarczająco, aby wypełnić i przykryć ciasto o średnicy 20 cm

100 g / 4 uncje / ½ szklanki miękkiego masła lub margaryny

225 g / 8 uncji / 11/3 szklanki przesianego cukru pudru (cukierniczego)

30 ml / 2 łyżki soku pomarańczowego

otarta skórka z 1 pomarańczy

Masło lub margarynę utrzeć na puszystą masę. Stopniowo dodawaj cukier cukierniczy, sok pomarańczowy i skórkę, aż składniki dobrze się połączą.

Ciasto pomarańczowe i marsala

Na ciasto o średnicy 23 cm / 9 cali

175 g / 6 uncji / 1 szklanka sułtanek (złotych rodzynek)

120 ml / 4 uncje / ½ szklanki Marsali

175 g / 6 uncji / ¾ szklanki miękkiego masła lub margaryny

100 g / 4 uncje / ½ szklanki miękkiego brązowego cukru

225 g / 8 uncji / 1 szklanka cukru pudru (bardzo drobnego)

3 jajka, lekko ubite

Drobno starta skórka z 1 pomarańczy

5 ml / 1 łyżeczka wody z kwiatu pomarańczy

275 g / 10 uncji / 2 ½ szklanki mąki zwykłej (uniwersalnej)

10 ml / 2 łyżeczki sody oczyszczonej (soda oczyszczona)

szczypta soli

375 ml / 13 uncji / 1½ szklanki maślanki

Glazura z likieru pomarańczowego

Namocz rodzynki w Marsali przez noc.

Masło lub margarynę utrzeć z cukrem na jasną i puszystą masę. Wbijaj po trochu jajka, następnie dodaj skórkę pomarańczową i wodę z kwiatu pomarańczy. Dodawaj na zmianę mąkę, sodę oczyszczoną i sól z maślanką. Dodać namoczone rodzynki i Marsalę. Wlać do dwóch natłuszczonych i wyłożonych foremkami o średnicy 23 cm / 9 i piec w nagrzanym piekarniku w temperaturze 180°C / 350°F / gaz 4 przez 35 minut, aż ciasto będzie sprężyste w dotyku i zacznie się kurczyć w dotyku. z foremek Studzimy w foremkach przez 10 minut, po czym przekładamy na metalową kratkę w celu dokończenia studzenia.

Posmaruj bułeczki połową lukru z likieru pomarańczowego i posmaruj resztę lukru na wierzchu.

Ciasto Brzoskwiniowo-Gruszkowe

Na ciasto o średnicy 23 cm / 9 cali

175 g / 6 uncji / ¾ szklanki miękkiego masła lub margaryny

150 g / 5 uncji / 2/3 szklanki drobnego cukru (bardzo drobnego).

2 jajka, lekko ubite

75 g / 3 uncje / ¾ szklanki mąki pełnoziarnistej (pełnoziarnistej)

75 g / 3 uncje / ¾ szklanki mąki zwykłej (uniwersalnej)

10 ml / 2 łyżeczki proszku do pieczenia

15 ml / 1 łyżka mleka

2 brzoskwinie, pozbawione pestek, obrane i posiekane

2 gruszki, obrane, wypestkowane i pokrojone w plasterki

30 ml / 2 łyżki cukru pudru (cukierniczego), przesianego

Masło lub margarynę utrzeć z cukrem na jasną i puszystą masę. Jajka stopniowo ubijaj, dodawaj mąkę z proszkiem do pieczenia i dodawaj mleko, aż masa uzyska płynną konsystencję. Dodaj brzoskwinie i gruszki. Wlać mieszaninę do natłuszczonej i wyłożonej papierem formy do ciasta o średnicy 23 cm i piec w nagrzanym piekarniku w temperaturze 190°C/375°F/gaz, stopień 5, przez 1 godzinę, aż dobrze wyrośnie i będzie sprężyste w dotyku. Pozostawić do ostygnięcia w formie przez 10 minut przed przeniesieniem na metalową kratkę, aby zakończyć studzenie. Przed podaniem posyp cukrem pudrem.

wilgotna tarta ananasowa

Na ciasto o średnicy 20 cm / 8 cali

100 g / 4 uncje / ½ szklanki masła lub margaryny

350 g / 12 uncji / 2 szklanki mieszanych suszonych owoców (mieszanka ciast owocowych)

225 g / 8 uncji / 1 szklanka miękkiego brązowego cukru

5 ml / 1 łyżeczka mieszanki przypraw mielonych (szarlotka)

5 ml / 1 łyżeczka sody oczyszczonej (soda oczyszczona)

425 g / 15 uncji / 1 duża puszka niesłodzonego, pokruszonego ananasa, odsączonego

225 g / 8 uncji / 2 szklanki mąki samorosnącej (drożdżowej)

2 ubite jajka

Wszystkie składniki oprócz mąki i jajek włóż do rondelka i ostrożnie podgrzej do wrzenia, ciągle mieszając. Gotować nieprzerwanie przez 3 minuty, następnie pozostawić mieszaninę do całkowitego ostygnięcia. Dodajemy mąkę, a następnie stopniowo dodajemy jajka. Przenieś mieszaninę do natłuszczonej i wyłożonej papierem formy do ciasta o średnicy 20 cm i piecz w nagrzanym piekarniku w temperaturze 180°C/350°F/gaz gazowy 4 przez 1½ – 1¾ godziny, aż dobrze wyrośnie i będzie jędrne w dotyku. Pozostaw do ostygnięcia. w puszce.

Ciasto Ananasowo Wiśniowe

Na ciasto o średnicy 20 cm / 8 cali

100 g / 4 uncje / ½ szklanki miękkiego masła lub margaryny

100 g / 4 uncje / 1 szklanka cukru pudru (bardzo drobnego)

2 ubite jajka

225 g / 8 uncji / 2 szklanki mąki samorosnącej (drożdżowej)

2,5 ml / ½ łyżeczki proszku do pieczenia

2,5 ml / ½ łyżeczki mielonego cynamonu

175 g / 6 uncji / 1 szklanka sułtanek (złotych rodzynek)

25 g / 1 uncja / 2 łyżki glazurowanych wiśni (kandyzowanych)

400 g / 14 uncji / 1 duża puszka ananasa, odsączonego i posiekanego

30 ml / 2 łyżki brandy lub rumu

Cukier puder (cukierniczy), przesiany, do posypania

Masło lub margarynę utrzeć z cukrem na jasną i puszystą masę. Stopniowo ubijaj jajka, następnie dodaj mąkę, proszek do pieczenia i cynamon. Delikatnie wmieszać pozostałe składniki. Wlać mieszaninę do natłuszczonej i wyłożonej papierem formy o średnicy 20 cm (blachy) i piec w nagrzanym piekarniku w temperaturze 160°C / 325°F / gaz, stopień 3, przez 1,5 godziny, aż wykałaczka wbita w środek formy wyjdzie. oczyścić, pozostawić do ostygnięcia i podawać posypane cukrem pudrem.

Świąteczne ciasto ananasowe

Na ciasto o średnicy 23 cm / 9 cali

50 g / 2 uncje / ¼ szklanki masła lub margaryny

100 g / 4 uncje / ½ szklanki cukru pudru (bardzo drobnego)

1 jajko, lekko ubite

150 g / 5 uncji / 1 ¼ szklanki samorosnącej mąki (drożdżowej)

szczypta soli

120 ml / 4 uncje / ½ szklanki mleka

Do dressingu:

100 g ananasa świeżego lub z puszki, grubo startego

1 jabłko jadalne (deserowe), obrane, wydrążone i grubo starte

120 ml / 4 uncje / ½ szklanki soku pomarańczowego

15 ml / 1 łyżka soku z cytryny

100 g / 4 uncje / ½ szklanki cukru pudru (bardzo drobnego)

5 ml / 1 łyżeczka mielonego cynamonu

Rozpuść masło lub margarynę, następnie do piany dodaj cukier i jajka. Dodawaj mąkę i sól na zmianę z mlekiem i wyrabiaj ciasto. Wlać do natłuszczonej i wyłożonej papierem formy do ciasta o średnicy 23 cm i piec w nagrzanym piekarniku w temperaturze 180°C/350°F/gaz, stopień 4, przez 25 minut, aż ciasto będzie złotobrązowe i złote.

Wszystkie składniki na polewę zagotuj, a następnie gotuj na wolnym ogniu przez 10 minut. Wylać na ciepłą blachę z ciasteczkami i grillować (pieczyć), aż ananas zacznie się rumienić. Pozostawić do ostygnięcia przed podaniem na ciepło lub na zimno.

ananas do góry nogami

Na ciasto o średnicy 20 cm / 8 cali

175 g / 6 uncji / ¾ szklanki miękkiego masła lub margaryny

175 g / 6 uncji / ¾ szklanki miękkiego brązowego cukru

400 g / 14 uncji / 1 duża puszka plasterków ananasa, odsączonych i zachowanego soku

4 glazurowane (kandyzowane) wiśnie, przekrojone na połówki

2 jajka

100 g / 4 uncje / 1 szklanka samorosnącej mąki

Utrzyj 75 g / 3 uncji / 1/3 szklanki masła lub margaryny z 75 g / 3 uncji / 1/3 szklanki cukru na jasną i puszystą masę i wyłóż na dno natłuszczonej formy do ciasta o średnicy 20 cm (formy). Na wierzchu ułóż plasterki ananasa i posyp wiśniami, zaokrągloną stroną do dołu. Pozostałą część masła lub margaryny i cukru utrzeć ze śmietaną, następnie stopniowo wbijać jajka. Dodać mąkę i 30 ml / 2 łyżki zarezerwowanego soku ananasowego. Polać nim ananasa i piec w piekarniku nagrzanym do 180°C/350°F/stopień gazu 4 przez 45 minut, aż ananas będzie twardy w dotyku. Pozostawić do ostygnięcia w formie na 5 minut, następnie ostrożnie wyjąć z formy i przełożyć na kratkę do studzenia.

Ciasto ananasowo-orzechowe

Na ciasto o średnicy 23 cm / 9 cali

225 g / 8 uncji / 1 szklanka miękkiego masła lub margaryny

225 g / 8 uncji / 1 szklanka cukru pudru (bardzo drobnego)

5 jaj

350 g / 12 uncji / 3 szklanki mąki zwykłej (uniwersalnej)

100 g / 4 uncje / 1 szklanka orzechów włoskich, grubo posiekanych

100 g / 4 uncje / 2/3 szklanki glazurowanego (kandyzowanego) ananasa, posiekanego

Trochę mleka

Masło lub margarynę utrzeć z cukrem na jasną i puszystą masę. Stopniowo ubijaj jajka, następnie dodaj mąkę, orzechy włoskie i ananasa, dodając tyle mleka, aby uzyskać rzadką konsystencję. Umieścić w natłuszczonej i wyłożonej papierem formie o średnicy 23 cm (forma na muffiny) i piec w nagrzanym piekarniku w temperaturze 150°C / 300°F / gaz 2 przez 1,5 godziny, aż wykałaczka włożona w środek będzie czysta.

ciasto malinowe

Na ciasto o średnicy 20 cm / 8 cali

100 g / 4 uncje / ½ szklanki miękkiego masła lub margaryny

200 g / 7 uncji / niecała 1 szklanka drobnego (bardzo drobnego) cukru

2 jajka, lekko ubite

250 ml / 8 uncji / 1 szklanka kwaśnej śmietany (mlecznej)

5 ml / 1 łyżeczka esencji waniliowej (ekstrakt)

250 g / 9 uncji / 2 ¼ szklanki mąki zwykłej (uniwersalnej)

5 ml / 1 łyżeczka proszku do pieczenia

5 ml / 1 łyżeczka sody oczyszczonej (soda oczyszczona)

5 ml / 1 łyżeczka kakao w proszku (niesłodzona czekolada)

2,5 ml / ½ łyżeczki soli

100 g świeżych lub mrożonych malin, rozmrożonych

Do dressingu:

30 ml / 2 łyżki cukru pudru (bardzo drobny)

5 ml / 1 łyżeczka mielonego cynamonu

Masło lub margarynę utrzeć z cukrem. Stopniowo dodajemy jajka, następnie śmietanę i esencję waniliową. Dodać mąkę, proszek do pieczenia, sodę oczyszczoną, kakao i sól. Dodaj maliny. Przełóż łyżką do natłuszczonej formy do pieczenia o średnicy 20 cm (blachy do pieczenia). Wymieszać cukier z cynamonem i posypać wierzch ciasta. Piec w piekarniku nagrzanym do 200°C / 400°F / stopień gazu 4 przez 35 minut, aż uzyskamy złoty kolor i patyczek wbity w środek będzie czysty. Posypać cukrem wymieszanym z cynamonem.

ciasto rabarbarowe

Na ciasto o średnicy 20 cm / 8 cali

225 g / 8 uncji / 2 szklanki mąki pełnoziarnistej (pełnoziarnistej)

10 ml / 2 łyżeczki proszku do pieczenia

10 ml / 2 łyżeczki mielonego cynamonu

45 ml / 3 łyżki jasnego miodu

175 g / 6 uncji / 1 szklanka sułtanek (złotych rodzynek)

2 jajka

150 ml / ¼ pkt / 2/3 szklanki mleka

225 g rabarbaru, posiekanego

30 ml / 2 łyżki cukru demerara

Wszystkie składniki oprócz rabarbaru i cukru wymieszać. Do natłuszczonej i oprószonej mąką tortownicy o średnicy 20 cm dodać rabarbar i łyżką. Posypać cukrem. Piec w piekarniku nagrzanym do 180°C/350°F/stopień gazu 4 przez 45 minut, aż ciasto się zetnie. Przed wyjęciem pozostawić do ostygnięcia w formie na 10 minut.

Ciasto rabarbarowo-miodowe

Na dwa ciasta o masie 450 g / 1 funt

250 g / 9 uncji / 2/3 szklanki jasnego miodu

120 ml / 4 uncje / ½ szklanki oleju

1 jajko, lekko ubite

15 ml / 1 łyżka sody oczyszczonej (soda oczyszczona)

150 ml / ¼ pkt / 2/3 szklanki jogurtu naturalnego

75 ml / 5 łyżek wody

350 g / 12 uncji / 3 szklanki mąki zwykłej (uniwersalnej)

10 ml / 2 łyżeczki soli

350 g rabarbaru, drobno posiekanego

5 ml / 1 łyżeczka esencji waniliowej (ekstrakt)

50 g / 2 uncje / ½ szklanki posiekanych mieszanych orzechów

Do dressingu:

75 g / 3 uncje / 1/3 szklanki miękkiego brązowego cukru

5 ml / 1 łyżeczka mielonego cynamonu

15 ml / 1 łyżka roztopionego masła lub margaryny

Wymieszaj miód i olej, a następnie wbij jajka. Wymieszaj sodę oczyszczoną z jogurtem i wodą, aż się rozpuści. Mąkę wymieszać z solą i dodawać do masy miodowej na zmianę z jogurtem. Dodać rabarbar, esencję waniliową i orzechy włoskie. Wlać do dwóch natłuszczonych i wyłożonych papierem foremek o masie 450 g (formy na muffiny). Składniki lukieru wymieszać i posypać nim ciasta. Piec w piekarniku nagrzanym do 160°C/325°F/stopień gazu 3 przez 1 godzinę, aż ciasto będzie twarde w dotyku i złociste na wierzchu. Studzimy w foremkach przez 10 minut, następnie przekładamy na metalową kratkę do wystygnięcia.

placek z buraków

Na ciasto o średnicy 20 cm / 8 cali

250 g / 9 uncji / 1 ¼ szklanki mąki zwykłej (uniwersalnej)

15 ml / 1 łyżka proszku do pieczenia

5 ml / 1 łyżeczka mielonego cynamonu

szczypta soli

150 ml / 8 uncji / 1 szklanka oleju

300 g / 11 uncji / 11/3 szklanki drobnego (bardzo drobnego) cukru

3 jajka, oddzielone

150 g surowego buraka, obranego i grubo startego

150 g marchewki, grubo startej

100 g / 4 uncje / 1 szklanka posiekanych orzechów

Wymieszaj mąkę, proszek do pieczenia, cynamon i sól. Ubij olej i cukier. Ubij żółtka, buraki, marchewkę i orzechy. Białka ubić na sztywną pianę, następnie dodać je do masy metalową łyżką. Wlać mieszaninę do natłuszczonej i wyłożonej papierem formy do ciasta o średnicy 20 cm i piec w nagrzanym piekarniku w temperaturze 180°C/350°F/gaz 4 przez 1 godzinę, aż ciasto będzie sprężyste w dotyku.

Ciasto marchewkowo-bananowe

Na ciasto o średnicy 20 cm / 8 cali

175 g startej marchewki

2 banany, puree

75 g / 3 uncje / ½ szklanki sułtanek (złotych rodzynek)

50 g / 2 uncje / ½ szklanki posiekanych mieszanych orzechów

175 g / 6 uncji / 1½ szklanki samorosnącej mąki

5 ml / 1 łyżeczka proszku do pieczenia

5 ml / 1 łyżeczka mieszanki przypraw mielonych (szarlotka)

Sok i skórka z 1 pomarańczy

2 ubite jajka

75 g / 3 uncje / 1/2 szklanki jasnego brązowego cukru

100 ml / 3 1/2 uncji / trochę 1/2 szklanki oleju słonecznikowego

Mieszaj wszystkie składniki, aż dobrze się połączą. Umieścić w natłuszczonej i wyłożonej papierem formie do pieczenia o średnicy 20 cm (forma do pieczenia) i piec w nagrzanym piekarniku w temperaturze 180°C / 350°F / gaz nr 4 przez 1 godzinę, aż wykałaczka włożona w środek będzie czysta.

Ciasto marchewkowo-jabłkowe

Na ciasto o średnicy 23 cm / 9 cali

250 g / 9 uncji / 2 ¼ szklanki mąki samorosnącej (drożdżowej)

5 ml / 1 łyżeczka sody oczyszczonej (soda oczyszczona)

5 ml / 1 łyżeczka mielonego cynamonu

175 g / 6 uncji / ¾ szklanki miękkiego brązowego cukru

Drobno starta skórka z 1 pomarańczy

3 jajka

200 ml / 7 uncji / mała 1 szklanka oleju

150 g jabłek stołowych (deserowych), obranych, wydrążonych i startych

150 g startej marchewki

100 g / 4 uncje / 2/3 szklanki suszonych moreli, posiekanych

100 g / 4 uncje / 1 szklanka posiekanych orzechów pekan lub orzechów włoskich

Wymieszaj mąkę, sodę oczyszczoną i cynamon, następnie dodaj cukier i skórkę pomarańczową. Wbij jajka do oleju, dodaj jabłko, marchewkę i dwie trzecie moreli i orzechów włoskich. Wymieszaj mieszaninę mąki i wlej do natłuszczonej i wyłożonej papierem tortownicy o średnicy 9 cali. Posypać pozostałymi posiekanymi morelami i orzechami włoskimi. Piec w piekarniku nagrzanym do 180°C/350°F/stopień gazu 4 przez 30 minut, aż ciasto będzie sprężyste w dotyku. Pozostawić do lekkiego przestygnięcia na patelni, następnie przełożyć na metalową kratkę do ostygnięcia.

Ciasto marchewkowo-cynamonowe

Na ciasto o średnicy 20 cm / 8 cali

100 g / 4 uncje / 1 szklanka mąki pełnoziarnistej (pełnoziarnistej)

100 g / 4 uncje / 1 szklanka mąki zwykłej (uniwersalnej)

15 ml / 1 łyżka mielonego cynamonu

5 ml / 1 łyżeczka startej gałki muszkatołowej

10 ml / 2 łyżeczki proszku do pieczenia

100 g / 4 uncje / ½ szklanki masła lub margaryny

100 g / 4 uncje / 1/3 szklanki jasnego miodu

100 g / 4 uncje / ½ szklanki miękkiego brązowego cukru

225 g startej marchwi

W misce wymieszaj mąkę, cynamon, gałkę muszkatołową i proszek do pieczenia. Masło lub margarynę rozpuść z miodem i cukrem, a następnie wymieszaj z mąką. Dodaj marchewki i dobrze wymieszaj. Umieścić w natłuszczonej i wyłożonej papierem formie o średnicy 20 cm / 8 i piec w nagrzanym piekarniku w temperaturze 160°C / 325°F / gaz nr 3 przez 1 godzinę, aż wykałaczka włożona w środek będzie czysta. Pozostawić do wystygnięcia na blaszce na 10 minut, następnie przełożyć na metalową kratkę do wystygnięcia.

Ciasto marchewkowo-cukiniowe

Na ciasto o średnicy 23 cm / 9 cali

2 jajka

175 g / 6 uncji / ¾ szklanki miękkiego brązowego cukru

100 g startej marchwi

50 g startej cukinii

75 ml / 5 łyżek oleju

225 g / 8 uncji / 2 szklanki mąki samorosnącej (drożdżowej)

2,5 ml / ½ łyżeczki proszku do pieczenia

5 ml / 1 łyżeczka mieszanki przypraw mielonych (szarlotka)

Lukier sernikowy

Wymieszaj jajka, cukier, marchewkę, cukinię i olej. Dodaj mąkę, proszek do pieczenia i mieszankę przypraw i mieszaj, aż masa będzie gładka. Umieścić w natłuszczonej i wyłożonej papierem formie o średnicy 23 cm i piec w nagrzanym piekarniku w temperaturze 180°C / 350°F / gaz 4 przez 30 minut, aż wykałaczka włożona w środek będzie czysta. Pozostawić do ostygnięcia i posmarować polewą serową.

ciasto z marchewką i imbirem

Na ciasto o średnicy 20 cm / 8 cali

175 g / 6 uncji / 2/3 szklanki masła lub margaryny

100 g / 4 uncje / 1/3 szklanki złotego syropu (jasna kukurydza)

120 ml / 4 uncje / ½ szklanki wody

100 g / 4 uncje / ½ szklanki miękkiego brązowego cukru

150 g marchewki, grubo startej

5 ml / 1 łyżeczka sody oczyszczonej (soda oczyszczona)

200 g / 7 uncji / 1¾ szklanki mąki zwykłej (uniwersalnej)

100 g / 4 uncje / 1 szklanka samorosnącej mąki

5 ml / 1 łyżeczka mielonego imbiru

szczypta soli

Na lukier (lukier):

175 g / 6 uncji / 1 szklanka cukru pudru (cukierniczego), przesianego

5 ml / 1 łyżeczka masła lub margaryny miękkiej

30 ml / 2 łyżki soku z cytryny

Masło lub margarynę rozpuścić z syropem, wodą i cukrem i doprowadzić do wrzenia. Zdejmij z ognia i dodaj marchewkę oraz sodę oczyszczoną. Pozwolimy mu ostygnąć. Wymieszaj mąkę, imbir i sól, przełóż łyżką do natłuszczonej formy o średnicy 20 cm i piecz w nagrzanym piekarniku w temperaturze 180°C / 350°F / gaz 4 przez 45 minut, aż sos dobrze wyrośnie i będzie sprężysty. Wyłącz i poczekaj, aż ostygnie.

Wymieszaj cukier puder z masłem lub margaryną i taką ilością soku z cytryny, aby powstał lukier nadający się do smarowania. Ciasto przekroić poziomo na pół, następnie połowę lukru wyłożyć na kanapkę, a resztę posmarować wierzchem.

Ciasto marchewkowo-orzechowe

Na ciasto o średnicy 18 cm / 7 cali

2 duże jajka, oddzielone

150 g / 5 uncji / 2/3 szklanki drobnego cukru (bardzo drobnego).

225 g startej marchwi

150 g / 5 uncji / 1 ¼ szklanki posiekanych orzechów

10 ml / 2 łyżeczki startej skórki z cytryny

50 g / 2 uncje / ½ szklanki mąki zwykłej (uniwersalnej)

2,5 ml / ½ łyżeczki proszku do pieczenia

Żółtka i cukier ubijamy na gęstą i kremową masę. Dodać marchewkę, orzechy włoskie i skórkę z cytryny, następnie dodać mąkę i proszek do pieczenia. Białka ubić na sztywną pianę, następnie dodać je do masy. Przełożyć do natłuszczonej kwadratowej formy o średnicy 19 cm. Piec w piekarniku nagrzanym do 180°C/350°F/stopień gazu 4 przez 40-45 minut, aż patyczek wbity w środek będzie czysty i wyjęty.

Ciasto marchewkowe, pomarańczowe i orzechowe

Na ciasto o średnicy 20 cm / 8 cali

100 g / 4 uncje / ½ szklanki miękkiego masła lub margaryny

100 g / 4 uncje / ½ szklanki miękkiego brązowego cukru

5 ml / 1 łyżeczka mielonego cynamonu

5 ml / 1 łyżeczka startej skórki pomarańczowej

2 jajka, lekko ubite

15 ml / 1 łyżka soku pomarańczowego

100 g marchewki, drobno startej

50 g / 2 uncje / ½ szklanki posiekanych mieszanych orzechów

225 g / 8 uncji / 2 szklanki mąki samorosnącej (drożdżowej)

5 ml / 1 łyżeczka proszku do pieczenia

Masło lub margarynę utrzeć z cukrem, cynamonem i skórką pomarańczową na jasną i puszystą masę. Stopniowo dodawaj jajka i sok pomarańczowy, następnie marchew, orzechy włoskie, mąkę i proszek do pieczenia. Wlać do natłuszczonej i wyłożonej papierem formy o średnicy 20 cm i piec w nagrzanym piekarniku w temperaturze 180°C/350°F/gaz, stopień 4, przez 45 minut, aż ciasto będzie sprężyste w dotyku.

Ciasto marchewkowo-ananasowo-kokosowe

Na ciasto o średnicy 25 cm / 10 cali

3 jajka

350 g / 12 uncji / 1½ szklanki cukru pudru (bardzo drobnego)

300 ml / ½ punktu / 1¼ szklanki oleju

5 ml / 1 łyżeczka esencji waniliowej (ekstrakt)

225 g / 8 uncji / 2 szklanki mąki zwykłej (uniwersalnej)

5 ml / 1 łyżeczka sody oczyszczonej (soda oczyszczona)

10 ml / 2 łyżeczki mielonego cynamonu

5 ml / 1 łyżeczka soli

225 g startej marchwi

100 g ananasa z puszki, odsączonego i rozgniecionego

100 g / 4 uncje / 1 szklanka suszonego kokosa (rozdrobnionego)

100 g / 4 uncje / 1 szklanka posiekanych orzechów

Cukier puder (cukierniczy), przesiany, do posypania

Jajka ubić z cukrem, olejem i esencją waniliową. Wymieszać mąkę, sodę oczyszczoną, cynamon i sól i stopniowo dodawać do masy. Dodać marchewkę, ananasa, kokos i orzechy włoskie. Umieścić w natłuszczonej i oprószonej mąką formie do pieczenia o średnicy 25 cm (forma do pieczenia) i piec w nagrzanym piekarniku w temperaturze 160°C/325°F/gaz, stopień 3, przez 1¼ godziny, aż wykałaczka wbita w środek będzie wyjęta czysta. Pozostawić do ostygnięcia w formie przez 10 minut przed przeniesieniem na metalową kratkę do zakończenia studzenia. Przed podaniem posyp cukrem pudrem.

Ciasto marchewkowo-pistacyjne

Na ciasto o średnicy 23 cm / 9 cali

100 g / 4 uncje / ½ szklanki miękkiego masła lub margaryny

100 g / 4 uncje / ½ szklanki cukru pudru (bardzo drobnego)

2 jajka

225 g / 8 uncji / 2 szklanki mąki zwykłej (uniwersalnej)

5 ml / 1 łyżeczka sody oczyszczonej (soda oczyszczona)

5 ml / 1 łyżeczka mielonego kardamonu

225 g startej marchwi

50 g posiekanych pistacji

50 g / 2 uncje / ½ szklanki mielonych migdałów

100 g / 4 uncje / 2/3 szklanki sułtanek (złotych rodzynek)

Masło lub margarynę utrzeć z cukrem na jasną i puszystą masę. Stopniowo wbijaj jajka, dobrze ubijając po każdym dodaniu, następnie dodaj mąkę, sodę oczyszczoną i kardamon. Dodać marchewkę, orzechy włoskie, zmielone migdały i rodzynki. Wlać mieszaninę do natłuszczonej i wyłożonej papierem formy do ciasta o średnicy 23 cm i piec w nagrzanym piekarniku w temperaturze 180°C/350°F/stopień gazu 4 przez 40 minut, aż ciasto będzie złociste i sprężyste.

Ciasto marchewkowo-orzechowe

Na ciasto o średnicy 23 cm / 9 cali

200 ml / 7 uncji / mała 1 szklanka oleju

4 jajka

225 g / 8 uncji / 2/3 szklanki jasnego miodu

225 g / 8 uncji / 2 szklanki mąki pełnoziarnistej (pełnoziarnistej)

10 ml / 2 łyżeczki proszku do pieczenia

2,5 ml / ½ łyżeczki sody oczyszczonej (soda oczyszczona)

szczypta soli

5 ml / 1 łyżeczka esencji waniliowej (ekstrakt)

175 g marchewki, grubo startej

175 g / 6 uncji / 1 szklanka rodzynek

100 g / 4 uncje / 1 szklanka orzechów włoskich, drobno posiekanych

Wymieszaj olej, jajko i miód. Stopniowo dodawaj wszystkie pozostałe składniki i ubijaj, aż dobrze się połączą. Umieścić w natłuszczonej i oprószonej mąką formie(-ach) na ciasto i piec w nagrzanym piekarniku w temperaturze 180°C / 350°F / gaz 4 przez 1 godzinę, aż wykałaczka wbita w środek będzie czysta i wyjęta.

Pikantne Ciasto Marchewkowe

Na ciasto o średnicy 18 cm / 7 cali

175 g / 6 uncji / 1 filiżanka daktyli

120 ml / 4 uncje / ½ szklanki wody

175 g / 6 uncji / ¾ szklanki miękkiego masła lub margaryny

2 jajka, lekko ubite

225 g / 8 uncji / 2 szklanki mąki samorosnącej (drożdżowej)

175 g marchewki, drobno startej

25 g / 1 uncja / ¼ szklanki mielonych migdałów

otarta skórka z 1 pomarańczy

2,5 ml / ½ łyżeczki mieszanki przypraw mielonych (szarlotka)

2,5 ml / ½ łyżeczki mielonego cynamonu

2,5 ml / ½ łyżeczki mielonego imbiru

Na lukier (lukier):

350 g / 12 uncji / 1½ szklanki twarogu

25 g / 1 uncja / 2 łyżki miękkiego masła lub margaryny

otarta skórka z 1 pomarańczy

Daktyle i wodę włożyć do garnka, zagotować i gotować 10 minut, aż będą miękkie. Usuń i wyrzuć pestki, a daktyle drobno posiekaj. Daktyle i płyn, masło lub margarynę i jajka miksujemy na kremową masę. Dodać wszystkie pozostałe składniki ciasta. Przełóż mieszaninę do natłuszczonej i wyłożonej papierem formy do ciasta o średnicy 18 cm (forma na muffinki) i piecz w nagrzanym piekarniku w temperaturze 180°C / 350°F / gaz 4 przez 1 godzinę, aż wykałaczka włożona w środek będzie czysta. Pozostawić do ostygnięcia na blasze przez 10 minut, a następnie przenieść na kratkę, aby dokończyć studzenie.

Przygotowujemy lukier, ubijając wszystkie składniki na gładką masę i w razie potrzeby dodając odrobinę soku pomarańczowego lub wody. Ciasto przekrawamy poziomo na pół, warstwy smarujemy połową kremu, a resztę smarujemy wierzchem.

Ciasto marchewkowo-brązowe

Na ciasto o średnicy 18 cm / 7 cali

5 jajek, oddzielonych

200 g / 7 uncji / niecała 1 szklanka miękkiego brązowego cukru

15 ml / 1 łyżka soku z cytryny

300 g startej marchwi

225 g / 8 uncji / 2 szklanki mielonych migdałów

25 g / 1 uncja / ¼ szklanki mąki pełnoziarnistej (pełnoziarnistej)

5 ml / 1 łyżeczka mielonego cynamonu

25 g / 1 uncja / 2 łyżki roztopionego masła lub margaryny

25 g / 1 uncja / 2 łyżki cukru pudru (bardzo drobny)

30 ml / 2 łyżki pojedynczej śmietanki (jasnej)

75 g / 3 uncje / ¾ szklanki posiekanych mieszanych orzechów

Żółtka ubić na puszystą pianę, ubić cukier na puszystą masę, a następnie dodać sok z cytryny. Dodaj jedną trzecią marchewki, następnie jedną trzecią migdałów i kontynuuj, aż składniki się połączą. Dodać mąkę i cynamon. Białka ubić na sztywną pianę, następnie wymieszać je z masą metalową łyżką. Przełożyć do natłuszczonej i wyłożonej papierem formy do ciasta o głębokości 18 cm/7 i piec w nagrzanym piekarniku w temperaturze 180°C/350°F/stopień gazu 4 przez 1 godzinę. Przykryj ciasto luźno papierem do pieczenia (woskiem) i zmniejsz temperaturę piekarnika do 160°C/325°F/gaz gazowy 3 na kolejne 15 minut lub do momentu, aż ciasto lekko odsunie się od ścianek formy i środek będzie nadal mokry. .

Wymieszaj roztopione masło lub margarynę, cukier, śmietanę i orzechy włoskie, polej ciasto i smaż na średnim ruszcie (brojler) na złoty kolor.

Ciasto z cukinii i szpiku

Na ciasto o średnicy 20 cm / 8 cali

225 g / 8 uncji / 1 szklanka cukru pudru (bardzo drobnego)

2 ubite jajka

120 ml / 4 uncje / ½ szklanki oleju

100 g / 4 uncje / 1 szklanka mąki zwykłej (uniwersalnej)

5 ml / 1 łyżeczka proszku do pieczenia

2,5 ml / ½ łyżeczki sody oczyszczonej (soda oczyszczona)

2,5 ml / ½ łyżeczki soli

100 g startej cukinii

100 g / 4 uncje pokruszonego ananasa

50 g / 2 uncje / ½ szklanki posiekanych orzechów włoskich

5 ml / 1 łyżeczka esencji waniliowej (ekstrakt)

Ubij cukier i jajka, aż masa będzie jasna i dobrze połączona. Wymieszaj olej, a następnie suche składniki. Dodać cukinię, ananasa, orzechy i esencję waniliową. Umieścić w natłuszczonej i oprószonej mąką formie(-ach) na ciasto i piec w nagrzanym piekarniku w temperaturze 180°C / 350°F / gaz 4 przez 1 godzinę, aż wykałaczka wbita w środek będzie czysta i wyjęta. Pozostawić do ostygnięcia na blasze przez 30 minut, a następnie przenieść na kratkę, aby dokończyć studzenie.

Ciasto z cukinii i pomarańczy

Na ciasto o średnicy 25 cm / 10 cali

225 g / 8 uncji / 1 szklanka miękkiego masła lub margaryny

450 g / 1 funt / 2 szklanki miękkiego brązowego cukru

4 jajka, lekko ubite

275 g / 10 uncji / 2 ½ szklanki mąki zwykłej (uniwersalnej)

15 ml / 1 łyżka proszku do pieczenia

2,5 ml / ½ łyżeczki soli

5 ml / 1 łyżeczka mielonego cynamonu

2,5 ml / ½ łyżeczki startej gałki muszkatołowej

Szczypta zmielonych goździków

Tarta skórka i sok z 1 pomarańczy

225 g / 8 uncji / 2 szklanki startej cukinii

Masło lub margarynę utrzeć z cukrem na jasną i puszystą masę. Stopniowo ubić jajka, dodawać mąkę, proszek do pieczenia, sól i przyprawy na przemian ze skórką pomarańczową i sokiem. Dodaj cukinię. Wlać do natłuszczonej i wyłożonej papierem formy do ciasta o średnicy 25 cm i piec w nagrzanym piekarniku w temperaturze 180°C/350°F/gaz, stopień 4, przez 1 godzinę, aż będzie złocistobrązowy i sprężysty w dotyku. Jeśli pod koniec pieczenia gdy wierzch zacznie się zbytnio rumienić, przykryj go papierem do pieczenia (woskiem).

Pikantne ciasto z cukinii

Na ciasto o średnicy 25 cm / 10 cali

350 g / 12 uncji / 3 szklanki mąki zwykłej (uniwersalnej)

10 ml / 2 łyżeczki proszku do pieczenia

7,5 ml / 1½ łyżeczki mielonego cynamonu

5 ml / 1 łyżeczka sody oczyszczonej (soda oczyszczona)

2,5 ml / ½ łyżeczki soli

8 białek jaj

450 g / 1 funt / 2 szklanki cukru pudru (bardzo drobny)

100 g / 4 uncje / 1 szklanka musu jabłkowego (sos)

120 ml / 4 uncje / ½ szklanki maślanki

15 ml / 1 łyżka esencji waniliowej (ekstrakt)

5 ml / 1 łyżeczka drobno startej skórki pomarańczowej

350 g / 12 uncji / 3 szklanki startej cukinii

75 g posiekanych orzechów włoskich

Do dressingu:

100 g / 4 uncje / ½ szklanki serka śmietankowego

25 g / 1 uncja / 2 łyżki miękkiego masła lub margaryny

5 ml / 1 łyżeczka drobno startej skórki pomarańczowej

10 ml / 2 łyżeczki soku pomarańczowego

350 g / 12 uncji / 2 szklanki cukru pudru (cukierniczego), przesianego

Wymieszaj suche składniki. Białka ubijaj, aż utworzą miękkie szczyty. Powoli dodawaj cukier, następnie mus jabłkowy, maślankę, esencję waniliową i skórkę pomarańczową. Dodaj mieszaninę mąki, następnie cukinię i orzechy włoskie. Umieścić w natłuszczonej i oprószonej mąką formie do ciasta o średnicy 25 cm/10 cali i piec w nagrzanym piekarniku w temperaturze 150°C/300°F/gaz gazowy 2 przez 1 godzinę, aż wykałaczka wbita w środek będzie czysta i wyjdzie czysta. Pozostawić do ostygnięcia w piekarniku cyna.

Wszystkie składniki glazury ubić na gładką masę, dodać tyle cukru, aby uzyskać konsystencję nadającą się do smarowania. Rozsmarować na ostudzonym cieście.

Ciasto dyniowe

Na ciasto o wymiarach 23 x 33 cm / 9 x 13 cali

450 g / 1 funt / 2 szklanki cukru pudru (bardzo drobny)

4 ubite jajka

375 ml / 13 uncji / 1½ szklanki oleju

350 g / 12 uncji / 3 szklanki mąki zwykłej (uniwersalnej)

15 ml / 1 łyżka proszku do pieczenia

10 ml / 2 łyżeczki sody oczyszczonej (soda oczyszczona)

10 ml / 2 łyżeczki mielonego cynamonu

2,5 ml / ½ łyżeczki mielonego imbiru

szczypta soli

225 g posiekanej gotowanej dyni

100 g / 4 uncje / 1 szklanka posiekanych orzechów włoskich

Cukier i jajka ubić na gładką masę, następnie dodać olej. Wymieszaj pozostałe składniki. Umieścić w natłuszczonej i oprószonej mąką formie do pieczenia o wymiarach 23 x 33 cm / 9 x 13 cm i piec w nagrzanym piekarniku w temperaturze 180°C / 350°F / gaz 4 przez 1 godzinę, aż włożony patyczek będzie czysty. czyste centrum.

Ciasto dyniowe z owocami

Na ciasto o średnicy 20 cm / 8 cali

100 g / 4 uncje / ½ szklanki miękkiego masła lub margaryny

150 g / 5 uncji / 2/3 szklanki miękkiego brązowego cukru

2 jajka, lekko ubite

225 g dyni gotowanej na zimno

30 ml / 2 łyżki golden syropu (jasna kukurydza)

8 uncji / 225 g 1/1/3 szklanki mieszanych suszonych owoców (mieszanka ciast owocowych)

225 g / 8 uncji / 2 szklanki mąki samorosnącej (drożdżowej)

50 g / 2 uncje / ½ szklanki otrębów

Masło lub margarynę utrzeć z cukrem na jasną i puszystą masę. Stopniowo dodajemy jajka, a następnie resztę składników. Umieścić w natłuszczonej i wyłożonej papierem formie o średnicy 20 cm / 8 i piec w nagrzanym piekarniku w temperaturze 160°C / 325°F / gazem 3 przez 1 ¼ godziny, aż wykałaczka włożona w środek będzie czysta.

Roladka z przyprawą dyniową

Tworzy rolkę o średnicy 30 cm / 12 cali.

75 g / 3 uncje / ¾ szklanki mąki zwykłej (uniwersalnej)

5 ml / 1 łyżeczka sody oczyszczonej (soda oczyszczona)

5 ml / 1 łyżeczka mielonego imbiru

2,5 ml / ½ łyżeczki startej gałki muszkatołowej

10 ml / 2 łyżeczki mielonego cynamonu

szczypta soli

1 jajko

225 g / 8 uncji / 1 szklanka cukru pudru (bardzo drobnego)

100 g gotowanej dyni, pokrojonej w kostkę

5 ml / 1 łyżeczka soku z cytryny

4 białka jaj

50 g / 2 uncje / ½ szklanki posiekanych orzechów włoskich

50 g / 2 uncje / 1/3 szklanki cukru pudru (cukierniczego), przesianego

Do wypełnienia:
175 g / 6 uncji / 1 szklanka cukru pudru (cukierniczego), przesianego

100 g / 4 uncje / ½ szklanki serka śmietankowego

2,5 ml / ½ łyżeczki esencji waniliowej (ekstrakt)

Wymieszaj mąkę, sodę oczyszczoną, przyprawy i sól. Jajka ubijaj, aż masa będzie gęsta i jasna, następnie dodawaj cukier, aż masa będzie jasna i kremowa. Dodaj dynię i sok z cytryny. Dodaj mieszaninę mąki. W czystej misce ubić białka na sztywną pianę. Wymieszaj ciasto i rozprowadź je na natłuszczonej i wyłożonej papierem szwajcarskiej patelni o wymiarach 30 x 12 cm / 12 x 8 i posyp orzechami włoskimi. Piec w piekarniku nagrzanym do 190°C/375°F/stopień gazu 5 przez 10 minut, aż ciasto będzie sprężyste w dotyku. Na czysty ręcznik kuchenny (ręcznik kuchenny) przesiać cukier puder i obrócić ciasto na ręcznik. Usuń pergamin, zwiń ciasto i ręcznik, a następnie pozostaw do ostygnięcia.

Aby przygotować nadzienie, stopniowo ubijaj cukier z serkiem śmietankowym i esencją waniliową, aż powstanie masa nadająca się do smarowania. Rozwiń ciasto i posmaruj nadzieniem. Ciasto ponownie rozwałkować i posypać odrobiną cukru pudru, aby ostygło przed podaniem.

Ciasto rabarbarowo-miodowe

Na dwa ciasta o masie 450 g / 1 funt

250 g / 9 uncji / ¾ szklanki jasnego miodu

100 ml / 4 uncje / ½ szklanki oleju

1 jajko

5 ml / 1 łyżeczka sody oczyszczonej (soda oczyszczona)

60 ml / 4 łyżki wody

350 g / 12 uncji / 3 szklanki mąki pełnoziarnistej (pełnoziarnistej)

10 ml / 2 łyżeczki soli

350 g rabarbaru, drobno posiekanego

5 ml / 1 łyżeczka esencji waniliowej (ekstrakt)

50 g / 2 uncje / ½ szklanki posiekanych mieszanych orzechów (opcjonalnie)

Do dressingu:
75 g / 3 uncje / 1/3 szklanki brązowego cukru

5 ml / 1 łyżeczka mielonego cynamonu

15 g / ½ uncji / 1 łyżka miękkiego masła lub margaryny

Wymieszaj miód i olej. Dodaj jajko i dobrze ubij. Dodaj sodę oczyszczoną do wody i poczekaj, aż się rozpuści. Wymieszaj mąkę i sól. Dodawaj do mieszanki miodu na zmianę z mieszaniną sody oczyszczonej. Dodaj rabarbar, esencję waniliową i orzechy włoskie, jeśli używasz. Wlać do dwóch natłuszczonych foremek o masie 450 g/1 funt. Wymieszaj składniki lukieru i wyłóż na masę ciasta. Piec w piekarniku nagrzanym do 180°C/350°F/stopień gazu 4 przez 1 godzinę, aż ciasto będzie sprężyste w dotyku.

Ciasto ze słodkich ziemniaków

Na ciasto o średnicy 23 cm / 9 cali

300 g / 11 uncji / 2¾ szklanki mąki zwykłej (uniwersalnej)

15 ml / 1 łyżka proszku do pieczenia

5 ml / 1 łyżeczka mielonego cynamonu

5 ml / 1 łyżeczka startej gałki muszkatołowej

szczypta soli

350 g / 12 uncji / 1 ¾ szklanki cukru pudru (bardzo drobnego).

375 ml / 13 uncji / 1½ szklanki oleju

60 ml / 4 łyżki przegotowanej wody

4 jajka, oddzielone

225 g słodkich ziemniaków, obranych i grubo startych

100 g / 4 uncje / 1 szklanka posiekanych orzechów

5 ml / 1 łyżeczka esencji waniliowej (ekstrakt)

Na lukier (lukier):

225 g / 8 uncji / 11/3 szklanki przesianego cukru pudru (cukierniczego)

50 g / 2 uncje / ¼ szklanki miękkiego masła lub margaryny

250 g / 9 uncji / 1 średni serek śmietankowy

50 g / 2 uncje / ½ szklanki posiekanych mieszanych orzechów

Szczypta mielonego cynamonu do posypania

Wymieszaj mąkę, proszek do pieczenia, cynamon, gałkę muszkatołową i sól. Dodajemy cukier i olej, następnie dodajemy wrzącą wodę i mieszamy, aż składniki dobrze się połączą. Dodaj żółtka i mieszaninę mąki i mieszaj, aż dobrze się połączą. Dodaj słodkie ziemniaki, orzechy włoskie i esencję waniliową. Białka ubić na sztywną pianę, a następnie dodać je do masy. Przelać do dwóch natłuszczonych i posypanych mąką foremek do pieczenia (form do pieczenia) i piec w nagrzanym piekarniku w temperaturze 180°C/350°F/gaz, stopień 4, przez 40 minut, aż ciasto będzie sprężyste w dotyku. Studzimy w foremkach przez 5 minut, następnie przekładamy na metalową kratkę do wystygnięcia.

Wymieszaj cukier puder, masło lub margarynę i połowę serka śmietankowego. Na cieście rozsmaruj połowę pozostałego serka śmietankowego, a następnie posmaruj ser lukrem. Złóż ciasta razem. Przed podaniem posmaruj pozostałym serkiem śmietankowym i posyp orzechami włoskimi i cynamonem.

Włoskie ciasto migdałowe

Na ciasto o średnicy 20 cm / 8 cali

1 jajko

150 ml / ¼ pkt / 2/3 szklanki mleka

2,5 ml / ½ łyżeczki esencji migdałowej (ekstrakt)

45 ml / 3 łyżki roztopionego masła

350 g / 12 uncji / 3 szklanki mąki zwykłej (uniwersalnej)

100 g / 4 uncje / ½ szklanki cukru pudru (bardzo drobnego)

10 ml / 2 łyżeczki proszku do pieczenia

2,5 ml / ½ łyżeczki soli

1 białko jaja

100 g / 4 uncje / 1 szklanka posiekanych migdałów

Jajka wbij do miski, następnie stopniowo dodawaj mleko, esencję migdałową i roztopione masło, cały czas ubijając. Dodaj mąkę, cukier, proszek do pieczenia i sól i kontynuuj mieszanie, aż masa będzie gładka. Przelać do natłuszczonej i wyłożonej papierem tortownicy (20 cm), ubić białka na pianę, następnie obficie rozsmarować na powierzchni ciasta i posypać migdałami. Piec w piekarniku nagrzanym do 220°C/425°F/stopień gazu 7 przez 25 minut, aż ciasto będzie złociste i sprężyste w dotyku.

Ciasto migdałowe i kawa

Na ciasto o średnicy 23 cm / 9 cali

8 jajek, oddzielonych

175 g / 6 uncji / ¾ szklanki cukru pudru (bardzo drobnego)

60 ml / 4 łyżki mocnej czarnej kawy

175 g / 6 uncji / 1½ szklanki mielonych migdałów

45 ml / 3 łyżki semoliny (kremu pszennego)

100 g / 4 uncje / 1 szklanka mąki zwykłej (uniwersalnej)

Żółtka i cukier ubić na bardzo gęstą i kremową masę. Dodać kawę, zmielone migdały i semolinę i dobrze ubić. Dodaj mąkę. Białka ubić na sztywną pianę, a następnie dodać je do masy. Przełóż łyżką do natłuszczonej formy do ciasta o średnicy 23 cm i piecz w nagrzanym piekarniku w temperaturze 180°C / 350°F / gaz 4 przez 45 minut, aż ciasto będzie sprężyste w dotyku.

Ciasto migdałowo-miodowe

Na ciasto o średnicy 20 cm / 8 cali

225 g startej marchwi

75 g posiekanych migdałów / 3 uncje / ¾ szklanki

2 ubite jajka

100 ml / 4 uncje / ½ szklanki jasnego miodu

60 ml / 4 łyżki oleju

150 ml / ¼ pkt / 2/3 szklanki mleka

150 g / 5 uncji / 1 ¼ szklanki mąki pełnoziarnistej (pełnoziarnistej)

10 ml / 2 łyżeczki soli

10 ml / 2 łyżeczki sody oczyszczonej (soda oczyszczona)

15 ml / 1 łyżka mielonego cynamonu

Wymieszaj marchewki i orzechy. Jajka ubić z miodem, olejem i mlekiem, następnie dodać do masy marchewkowej. Wymieszaj mąkę, sól, sodę oczyszczoną i cynamon i dodaj do masy marchewkowej. Wlać mieszaninę do natłuszczonej i wyłożonej wykładziną kwadratowej formy (20 cm) i piec w nagrzanym piekarniku w temperaturze 150°C / 300°F / gaz, stopień 2, przez 1¾ godziny, aż wykałaczka wbita w środek będzie czysta. . Przed wyjęciem pozostawić do ostygnięcia w formie na 10 minut.

Ciasto cytrynowo-migdałowe

Na ciasto o średnicy 23 cm / 9 cali

25 g / 1 uncja / ¼ szklanki posiekanych migdałów (w plasterkach)

100 g / 4 uncje / ½ szklanki miękkiego masła lub margaryny

100 g / 4 uncje / ½ szklanki miękkiego brązowego cukru

2 ubite jajka

100 g / 4 uncje / 1 szklanka samorosnącej mąki

otarta skórka z 1 cytryny

Na syrop:

75 g / 3 uncje / 1/3 szklanki drobnego cukru (bardzo drobnego).

45-60 ml / 3-4 łyżki soku z cytryny

Natłuścić formę o średnicy 23 cm, wyłożyć ją i posypać migdałami. Ubij masło i brązowy cukier. Wbijaj po jednym jajku, następnie dodaj mąkę i skórkę z cytryny. Wlać do przygotowanej formy i wyrównać powierzchnię. Piec w piekarniku nagrzanym do 180°C/350°F/stopień gazu 4 przez 20 do 25 minut, aż dobrze wyrośnie i będzie sprężyste w dotyku.

W międzyczasie w rondlu podgrzej cukier puder z sokiem z cytryny, od czasu do czasu mieszając, aż cukier się rozpuści. Wyjąć ciasto z piekarnika i odstawić do ostygnięcia na 2 minuty, następnie przełożyć na metalową kratkę, spodem do góry. Syrop wlać łyżką i pozostawić do całkowitego ostygnięcia.

Ciasto migdałowe z pomarańczą

Na ciasto o średnicy 20 cm / 8 cali

225 g / 8 uncji / 1 szklanka miękkiego masła lub margaryny

225 g / 8 uncji / 1 szklanka cukru pudru (bardzo drobnego)

4 jajka, oddzielone

225 g / 8 uncji / 2 szklanki mąki zwykłej (uniwersalnej)

10 ml / 2 łyżeczki proszku do pieczenia

50 g / 2 uncje / ½ szklanki mielonych migdałów

5 ml / 1 łyżeczka startej skórki pomarańczowej

Masło lub margarynę utrzeć z cukrem na jasną i puszystą masę. Żółtka ubić, następnie dodać mąkę, proszek do pieczenia, zmielone migdały i skórkę pomarańczową. Białka ubić na sztywną pianę, następnie dodać je do masy metalową łyżką. Umieścić w natłuszczonej i wyłożonej papierem formie do pieczenia o średnicy 20 cm (forma do pieczenia) i piec w nagrzanym piekarniku w temperaturze 180°C / 350°F / gaz nr 4 przez 1 godzinę, aż wykałaczka włożona w środek będzie czysta.

bogate ciasto migdałowe

Na ciasto o średnicy 18 cm / 7 cali

100 g / 4 uncje / ½ szklanki miękkiego masła lub margaryny

150 g / 5 uncji / 2/3 szklanki drobnego cukru (bardzo drobnego).

3 jajka, lekko ubite

75 g / 3 uncje / ¾ szklanki mielonych migdałów

50 g / 2 uncje / ½ szklanki mąki zwykłej (uniwersalnej)

Kilka kropli esencji migdałowej (ekstrakt)

Masło lub margarynę utrzeć z cukrem na jasną i puszystą masę. Stopniowo dodawaj jajka, następnie dodaj zmielone migdały, mąkę i esencję migdałową. Wlać do natłuszczonej i wyłożonej papierem formy o średnicy 18 cm i piec w nagrzanym piekarniku w temperaturze 180°C/350°F/gaz, stopień 4, przez 45 minut, aż ciasto będzie sprężyste w dotyku.

Szwedzkie ciasto makaronowe

Na ciasto o średnicy 23 cm / 9 cali

100 g / 4 uncje / 1 szklanka mielonych migdałów

75 g / 3 uncje / 1/3 szklanki granulowanego cukru

5 ml / 1 łyżeczka proszku do pieczenia

2 duże białka, ubite

Wymieszaj migdały, cukier i proszek do pieczenia. Dodawaj białka, aż masa będzie gęsta i gładka. Wlać do natłuszczonej i wyłożonej papierem formy na kanapki o średnicy 23 cm (forma do pieczenia) i piec w nagrzanym piekarniku w temperaturze 160°C/325°F/gaz, stopień 3, przez 20-25 minut, aż wyrośnie i będzie złociste. Wyjmij bardzo ostrożnie, podobnie jak ciasto. jest kruchy.

chleb kokosowy

Wydajność: 450 g / 1 funt bochenka

100 g / 4 uncje / 1 szklanka samorosnącej mąki

225 g / 8 uncji / 1 szklanka cukru pudru (bardzo drobnego)

100 g / 4 uncje / 1 szklanka suszonego kokosa (rozdrobnionego)

1 jajko

120 ml / 4 uncje / ½ szklanki mleka

szczypta soli

Dobrze wymieszaj wszystkie składniki i przełóż łyżką do natłuszczonej i wyłożonej papierem formy do pieczenia o gramaturze 450 g/1 funt. Piec w piekarniku nagrzanym do 180°C/350°F/stopień gazu 4 przez około 1 godzinę, aż ciasto będzie złotobrązowe i sprężyste w dotyku.

ciasto kokosowe

Na ciasto o średnicy 23 cm / 9 cali

75 g / 3 uncje / 1/3 szklanki masła lub margaryny

150 ml / ¼ pkt / 2/3 szklanki mleka

2 jajka, lekko ubite

225 g / 8 uncji / 1 szklanka cukru pudru (bardzo drobnego)

150 g / 5 uncji / 1 ¼ szklanki samorosnącej mąki (drożdżowej)

szczypta soli

Do dressingu:

100 g / 4 uncje / ½ szklanki masła lub margaryny

75 g / 3 uncje / ¾ szklanki suszonego kokosa (rozdrobnionego)

60 ml / 4 łyżki jasnego miodu

45 ml / 3 łyżki mleka

50 g / 2 uncje / ¼ szklanki miękkiego brązowego cukru

Rozpuść masło lub margarynę w mleku i poczekaj, aż lekko ostygnie. Jajka i cukier puder ubić na jasną i puszystą masę, następnie dodać mieszaninę masła i mleka. Dodaj mąkę i sól, aby uzyskać w miarę gładką mieszaninę. Wlać do natłuszczonej i wyłożonej papierem formy do ciasta o średnicy 23 cm i piec w nagrzanym piekarniku w temperaturze 180°C/350°F/gaz, stopień 4, przez 40 minut, aż ciasto będzie złotobrązowe i sprężyste w dotyku.

W międzyczasie na patelni zagotuj składniki glazury. Na wierzchu ułóż ciepłe ciasto i połóż na nim masę lukrową. Umieścić na rozgrzanym grillu (brojler) na kilka minut, aż polewa zacznie się rumienić.

złote ciasto kokosowe

Na ciasto o średnicy 20 cm / 8 cali

100 g / 4 uncje / ½ szklanki miękkiego masła lub margaryny

200 g / 7 uncji / niecała 1 szklanka drobnego (bardzo drobnego) cukru

200 g / 7 uncji / 1¾ szklanki mąki zwykłej (uniwersalnej)

10 ml / 2 łyżeczki proszku do pieczenia

szczypta soli

175 ml / 6 uncji / ¾ szklanki mleka

3 białka jaj

Do napełniania i polewania:

150 g / 5 uncji / 1 ¼ szklanki suszonego kokosa (rozdrobnionego)

200 g / 7 uncji / niecała 1 szklanka drobnego (bardzo drobnego) cukru

120 ml / 4 uncje / ½ szklanki mleka

120 ml / 4 uncje / ½ szklanki wody

3 żółtka

Masło lub margarynę utrzeć z cukrem na jasną i puszystą masę. Mąkę, proszek do pieczenia i sól mieszamy na zmianę z mlekiem i wodą, aż powstanie gładkie ciasto. Białka ubić na sztywną pianę, a następnie dodać do ciasta. Wlać mieszaninę do dwóch natłuszczonych foremek o średnicy 20 cm i piec w nagrzanym piekarniku w temperaturze 180°C/350°F/gaz, stopień 4, przez 25 minut, aż ciasto będzie sprężyste w dotyku. Pozwolimy mu ostygnąć.

W małym rondlu wymieszaj kokos, cukier, mleko i żółtka. Podgrzewaj na małym ogniu przez kilka minut, aż jajka się zetną, ciągle mieszając. Pozwolimy mu ostygnąć. Obłóż ciastka połową masy kokosowej i posyp resztą.

Ciasto z polewą kokosową

Na ciasto o wymiarach 9 x 18 cm / 3½ x 7

100 g / 4 uncje / ½ szklanki miękkiego masła lub margaryny

175 g / 6 uncji / ¾ szklanki cukru pudru (bardzo drobnego)

3 jajka

175 g / 6 uncji / 1 ½ szklanki mąki zwykłej (uniwersalnej)

5 ml / 1 łyżeczka proszku do pieczenia

175 g / 6 uncji / 1 szklanka sułtanek (złotych rodzynek)

120 ml / 4 uncje / ½ szklanki mleka

6 ciasteczek zwykłych (ciasteczek), pokruszonych

100 g / 4 uncje / ½ szklanki miękkiego brązowego cukru

100 g / 4 uncje / 1 szklanka suszonego kokosa (rozdrobnionego)

Masło lub margarynę utrzeć z cukrem pudrem na jasną i puszystą masę. Stopniowo wbijaj dwa jajka, następnie dodawaj na zmianę z mlekiem mąkę, proszek do pieczenia i rodzynki. Wlać połowę mieszanki do natłuszczonej i wyłożonej papierem formy o gramaturze 450 g. Pozostałe jajka wymieszać z bułką tartą, brązowym cukrem i kokosem i wlać do formy. Wlać pozostałą mieszaninę i piec w nagrzanym piekarniku w temperaturze 180°C / 350°F / gaz 4 przez 1 godzinę. Pozostawić do wystygnięcia na blaszce na 30 minut, następnie przełożyć na metalową kratkę, aby dokończyć studzenie.

Ciasto kokosowo-cytrynowe

Na ciasto o średnicy 20 cm / 8 cali

100 g / 4 uncje / ½ szklanki miękkiego masła lub margaryny

75 g / 3 uncje / 1/3 szklanki miękkiego brązowego cukru

otarta skórka z 1 cytryny

1 ubite jajko

Kilka kropli esencji migdałowej (ekstrakt)

350 g / 12 uncji / 3 szklanki samorosnącej mąki

60 ml / 4 łyżki dżemu malinowego (rezerwa)

Do dressingu:

1 ubite jajko

75 g / 3 uncje / 1/3 szklanki miękkiego brązowego cukru

225 g / 8 uncji / 2 szklanki suszonego kokosa (rozdrobnionego)

Masło lub margarynę utrzeć z cukrem i skórką cytrynową na jasną i puszystą masę. Stopniowo dodawaj jajko i esencję migdałową, następnie dodaj mąkę. Wlać mieszaninę do natłuszczonej i wyłożonej papierem formy do ciasta o średnicy 20 cm. Wylać dżem na mieszaninę. Wymieszać składniki lukru i posmarować mieszanką. Piec w piekarniku nagrzanym do 180°C/350°F/stopień gazu 4. przez 30 minut, aż masa będzie sprężysta w dotyku. Pozostawić do ostygnięcia w formie.

Noworoczne ciasto kokosowe

Na ciasto o średnicy 18 cm / 7 cali

100 g / 4 uncje / ½ szklanki miękkiego masła lub margaryny

100 g / 4 uncje / ½ szklanki cukru pudru (bardzo drobnego)

2 jajka, lekko ubite

75 g / 3 uncje / ¾ szklanki mąki zwykłej (uniwersalnej)

45 ml / 3 łyżki wiórków kokosowych (tartych)

30 ml / 2 łyżki rumu

Kilka kropli esencji migdałowej (ekstrakt)

Kilka kropli esencji cytrynowej (ekstrakt)

Masło i cukier utrzeć na jasną i puszystą masę. Stopniowo ubijaj jajka, następnie dodaj mąkę i kokos. Dodaj rum i esencję. Przełóż łyżką do natłuszczonej i wyłożonej papierem tortownicy o średnicy 18 cm/7 cali i wypoziomuj powierzchnię. Piec w nagrzanym piekarniku w temperaturze 190°C / 375°F / gaz nr 5 przez 45 minut, aż wykałaczka wbita w środek będzie sucha. Pozostawić ostudzić w formie.

Ciasto z kokosem i sułtanką

Na ciasto o średnicy 23 cm / 9 cali

100 g / 4 uncje / ½ szklanki miękkiego masła lub margaryny

175 g / 6 uncji / ¾ szklanki cukru pudru (bardzo drobnego)

2 jajka, lekko ubite

175 g / 6 uncji / 1 ½ szklanki mąki zwykłej (uniwersalnej)

5 ml / 1 łyżeczka proszku do pieczenia

szczypta soli

175 g / 6 uncji / 1 szklanka sułtanek (złotych rodzynek)

120 ml / 4 uncje / ½ szklanki mleka

Do wypełnienia:

1 jajko, lekko ubite

50 g / 2 uncje / ½ szklanki zwykłych ciasteczek

100 g / 4 uncje / ½ szklanki miękkiego brązowego cukru

100 g / 4 uncje / 1 szklanka suszonego kokosa (rozdrobnionego)

Masło lub margarynę utrzeć z cukrem pudrem na jasną i puszystą masę. Stopniowo dodawaj jajka. Wymieszaj mąkę, proszek do pieczenia, sól i rodzynki z taką ilością mleka, aby uzyskać gładką konsystencję. Wlać połowę mieszanki do natłuszczonej tortownicy o średnicy 9 cali. Składniki na nadzienie wymieszać i wylać masę na ciasto, następnie dodać resztę ciasta. Piec w piekarniku nagrzanym do 180°C / 350°F / gaz nr 4 przez 1 godzinę, aż ciasto będzie sprężyste w dotyku i zacznie odchodzić od brzegów formy. Przed wyjęciem pozostawić do ostygnięcia w formie.

chrupiące ciasto orzechowe

Na ciasto o średnicy 23 cm / 9 cali

225 g / 8 uncji / 1 szklanka miękkiego masła lub margaryny

225 g / 8 uncji / 1 szklanka cukru pudru (bardzo drobnego)

2 jajka, lekko ubite

225 g / 8 uncji / 2 szklanki mąki zwykłej (uniwersalnej)

2,5 ml / ½ łyżeczki sody oczyszczonej (soda oczyszczona)

2,5 ml / ½ łyżeczki kwasu winowego

200 ml / 7 uncji / marna 1 szklanka mleka

Do dressingu:

100 g / 4 uncje / 1 szklanka posiekanych orzechów

100 g / 4 uncje / ½ szklanki miękkiego brązowego cukru

5 ml / 1 łyżeczka mielonego cynamonu

Masło lub margarynę utrzeć z cukrem pudrem na jasną i puszystą masę. Stopniowo ubijaj jajka, następnie dodawaj na zmianę mąkę, sodę oczyszczoną i krem kamienny z mlekiem. Łyżką przełóż do natłuszczonej i wyłożonej wykładziną tortownicy o średnicy 9 cali (patelni). Wymieszaj orzechy włoskie, brązowy cukier i cynamon i posyp wierzch ciasta. Piec w piekarniku nagrzanym do 180°C/350°F/stopień gazu 4 przez 40 minut, aż uzyska złoty kolor, a boki formy się skurczą. Pozostawić do wystygnięcia na blasze na 10 minut, następnie przełożyć na metalową kratkę do wystygnięcia.

Mieszane ciasto orzechowe

Na ciasto o średnicy 23 cm / 9 cali

100 g / 4 uncje / ½ szklanki miękkiego masła lub margaryny

225 g / 8 uncji / 1 szklanka cukru pudru (bardzo drobnego)

1 ubite jajko

225 g / 8 uncji / 2 szklanki mąki samorosnącej (drożdżowej)

10 ml / 2 łyżeczki proszku do pieczenia

szczypta soli

250 ml / 8 uncji / 1 szklanka mleka

5 ml / 1 łyżeczka esencji waniliowej (ekstrakt)

2,5 ml / ½ łyżeczki esencji cytrynowej (ekstrakt)

100 g / 4 uncje / 1 szklanka posiekanych orzechów

Masło lub margarynę utrzeć z cukrem na jasną i puszystą masę. Stopniowo dodawaj jajka. Mąkę wymieszać z proszkiem do pieczenia i solą i dodawać do masy na przemian z mlekiem i esencjami. Wymieszaj orzechy. Wlać do dwóch natłuszczonych i wyłożonych foremkami o średnicy 23 cm / 9 i piec w nagrzanym piekarniku w temperaturze 180°F / 350°F / gaz nr 4 przez 40 minut, aż wykałaczka wbita w środek będzie czysta i wyjęta.

Greckie ciasto orzechowe

Na ciasto o średnicy 25 cm / 10 cali

100 g / 4 uncje / ½ szklanki miękkiego masła lub margaryny

225 g / 8 uncji / 1 szklanka cukru pudru (bardzo drobnego)

3 jajka, lekko ubite

250 g / 9 uncji / 2 ¼ szklanki mąki zwykłej (uniwersalnej)

225 g / 8 uncji / 2 szklanki zmielonych orzechów włoskich

10 ml / 2 łyżeczki proszku do pieczenia

5 ml / 1 łyżeczka mielonego cynamonu

1,5 ml / ¼ łyżeczki zmielonych goździków

szczypta soli

75 ml / 5 łyżek mleka

Na syrop miodowy:

175 g / 6 uncji / ¾ szklanki cukru pudru (bardzo drobnego)

75 g / 3 uncje / ¼ szklanki jasnego miodu

15 ml / 1 łyżka soku z cytryny

250 ml / 8 uncji / 1 szklanka wrzącej wody

Masło lub margarynę utrzeć z cukrem na jasną i puszystą masę. Stopniowo dodajemy jajka, następnie mąkę, orzechy, proszek do pieczenia, przyprawy i sól. Dodaj mleko i mieszaj, aż masa będzie gładka. Wlać do natłuszczonej i oprószonej mąką tortownicy o średnicy 25 cm/10 cali i piec w nagrzanym piekarniku w temperaturze 180°C/350°F/gaz 4 przez 40 minut, aż ciasto będzie sprężyste w dotyku. Pozostawić w formie do ostygnięcia na 10 minut, a następnie przenieść do rusztu.

Aby przygotować syrop, wymieszaj cukier, miód, sok z cytryny i wodę i podgrzewaj aż do rozpuszczenia. Ciepłe ciasto nakłuwamy widelcem i polewamy syropem miodowym.

Tort lodowy z orzechami włoskimi

Na ciasto o średnicy 18 cm / 7 cali

100 g / 4 uncje / ½ szklanki miękkiego masła lub margaryny

100 g / 4 uncje / ½ szklanki cukru pudru (bardzo drobnego)

2 jajka, lekko ubite

100 g / 4 uncje / 1 szklanka samorosnącej mąki

100 g / 4 uncje / 1 szklanka posiekanych orzechów włoskich

szczypta soli

Na lukier (lukier):
450 g / 1 funt / 2 szklanki granulowanego cukru

150 ml / ¼ pkt / 2/3 szklanki wody

2 białka jaj

Kilka połówek orzechów włoskich do dekoracji

Masło lub margarynę utrzeć z cukrem pudrem na jasną i puszystą masę. Stopniowo dodawaj jajka, następnie mąkę, orzechy włoskie i sól. Wlać mieszaninę do dwóch natłuszczonych i wyłożonych papierem foremek o średnicy 18 cm i piec w nagrzanym piekarniku w temperaturze 180°C/350°F/gaz, stopień 4, przez 25 minut, aż dobrze wyrośnie i będzie sprężyste. Pozostawić do ostygnięcia.

Rozpuścić cukier granulowany w wodzie na małym ogniu, ciągle mieszając, następnie doprowadzić do wrzenia i dalej gotować bez mieszania, aż kropla mieszaniny po wrzuceniu do zimnej wody utworzy gładką kulę. W międzyczasie w czystej misce ubij białka na sztywną pianę. Wlać syrop do białek i ubijać, aż mieszanina będzie wystarczająco gęsta, aby pokryć grzbiet łyżki. Posmaruj ciasta warstwą lukru, resztą posmaruj wierzch i boki ciasta i udekoruj połówkami orzechów włoskich.

Ciasto orzechowe z kremem czekoladowym

Na ciasto o średnicy 18 cm / 7 cali

3 jajka

75 g / 3 uncje / 1/3 szklanki miękkiego brązowego cukru

50 g / 2 uncje / ½ szklanki mąki pełnoziarnistej (pełnoziarnistej)

25 g / 1 uncja / ¼ szklanki kakao w proszku (niesłodzona czekolada)

Na lukier (lukier):

150 g / 5 uncji / 1 ¼ szklanki gładkiej (półsłodkiej) czekolady

225 g / 8 uncji / 1 szklanka niskotłuszczowego serka śmietankowego

45 ml / 3 łyżki cukru pudru (cukierniczego), przesianego

75 g posiekanych orzechów włoskich

15 ml / 1 łyżka brandy (opcjonalnie)

Tarta czekolada do dekoracji

Jajka i brązowy cukier ubić na jasną i gęstą masę. Dodać mąkę i kakao. Wlać mieszaninę do dwóch natłuszczonych i wyłożonych foremkami na kanapki o średnicy 18 cm (7 cali) i piec w nagrzanym piekarniku w temperaturze 190°C/375°F/gaz gazowy 5 przez 15-20 minut, aż dobrze wyrośnie i będzie sprężyste w dotyku. Wyjąć z foremek i pozostawić do ostygnięcia.

Rozpuść czekoladę w żaroodpornej misce ustawionej nad garnkiem z wrzącą wodą. Zdejmij z ognia i dodaj serek śmietankowy i cukier puder, następnie dodaj orzechy włoskie i brandy, jeśli używasz. Ułóż ciastka z większością nadzienia i posmaruj resztą na wierzchu. Udekoruj startą czekoladą.

Ciasto orzechowe z miodem i cynamonem

Na ciasto o średnicy 23 cm / 9 cali

225 g / 8 uncji / 2 szklanki mąki zwykłej (uniwersalnej)

10 ml / 2 łyżeczki proszku do pieczenia

5 ml / 1 łyżeczka sody oczyszczonej (soda oczyszczona)

5 ml / 1 łyżeczka mielonego cynamonu

szczypta soli

100 g / 4 uncje / 1 szklanka jogurtu naturalnego

75 ml / 5 łyżek oleju

100 g / 4 uncje / 1/3 szklanki jasnego miodu

1 jajko, lekko ubite

5 ml / 1 łyżeczka esencji waniliowej (ekstrakt)

Do wypełnienia:
50 g / 2 uncje / ½ szklanki posiekanych orzechów włoskich

225 g / 8 uncji / 1 szklanka miękkiego brązowego cukru

10 ml / 2 łyżeczki mielonego cynamonu

30 ml / 2 łyżki oleju

Wymieszać suche składniki na ciasto i zrobić wgłębienie na środku. Pozostałe składniki ciasta ubić i wymieszać z suchymi składnikami. Wymieszaj składniki nadzienia. Do natłuszczonej i oprószonej mąką formy (blachy do pieczenia) wlać połowę masy i wlać połowę nadzienia. Dodaj pozostałą masę ciasta, a następnie pozostałe nadzienie. Piec w piekarniku nagrzanym do 180°C/350°F/stopień gazu 4 przez 30 minut, aż dobrze wyrośnie, stanie się złotobrązowe i zacznie odchodzić od boków formy.

Batony migdałowo-miodowe

przed 10

15 g świeżych drożdży lub 20 ml / 4 łyżeczki suszonych drożdży

45 ml / 3 łyżki cukru pudru (bardzo drobny)

120 ml / 4 uncje / ½ szklanki ciepłego mleka

300 g / 11 uncji / 2¾ szklanki mąki zwykłej (uniwersalnej)

szczypta soli

1 jajko, lekko ubite

50 g / 2 uncje / ¼ szklanki miękkiego masła lub margaryny

300 ml / ½ punktu / 1¼ szklanki śmietanki podwójnej (ciężkiej)

30 ml / 2 łyżki cukru pudru (cukierniczego), przesianego

45 ml / 3 łyżki jasnego miodu

300 g / 11 uncji / 2¾ szklanki posiekanych migdałów (w plasterkach)

Wymieszaj drożdże, 5 ml / 1 łyżeczkę cukru pudru i odrobinę mleka i odstaw w ciepłe miejsce na 20 minut, aż zacznie się pienić. Resztę cukru wymieszaj z mąką i solą, a na środku zrób wgłębienie. Stopniowo dodawaj jajka, masło lub margarynę, drożdże i pozostałe ciepłe mleko i mieszaj, aż masa będzie gładka. Zagniataj na lekko posypanej mąką powierzchni, aż będzie gładkie i elastyczne. Włożyć do miski wysmarowanej olejem, przykryć folią spożywczą naoliwioną i odstawić w ciepłe miejsce na 45 minut, aż podwoi objętość.

Ciasto ponownie zagnieść, rozwałkować i przełożyć do natłuszczonej formy o wymiarach 30 x 20 cm / 12 x 8, nakłuć wszystko widelcem, przykryć i odstawić w ciepłe miejsce na 10 minut.

Umieść 120 ml śmietanki, cukier puder i miód w małym rondlu i zagotuj. Zdjąć z ognia i wymieszać z migdałami. Rozsmaruj ciasto, a następnie piecz w nagrzanym piekarniku w temperaturze

200°C/400°F/stopień gazu 6 przez 20 minut, aż ciasto będzie złocistobrązowe i sprężyste w dotyku. Przykryj papierem pergaminowym (woskowym), jeśli wierzch zacznie się rumienić zbyt wcześnie. koniec gotowania. Wyłącz i poczekaj, aż ostygnie.

Ciasto przekrój poziomo na pół. Pozostałą śmietanę ubić na sztywną pianę i posmarować nią dolną połowę ciasta. Przykryj połową ciasta posypaną migdałami i pokrój w batoniki.

Batony z jabłkami i czarną porzeczką

przed 12

175 g / 6 uncji / 1 ½ szklanki mąki zwykłej (uniwersalnej)

5 ml / 1 łyżeczka proszku do pieczenia

szczypta soli

175 g / 6 uncji / ¾ szklanki masła lub margaryny

225 g / 8 uncji / 1 szklanka miękkiego brązowego cukru

100 g / 4 uncje / 1 szklanka płatków owsianych

450 g / 1 funt jabłek do gotowania (ciasto), obranych, wydrążonych i pokrojonych w plasterki

30 ml / 2 łyżki mąki kukurydzianej (skrobi kukurydzianej)

10 ml / 2 łyżeczki mielonego cynamonu

2,5 ml / ½ łyżeczki startej gałki muszkatołowej

2,5 ml / ½ łyżeczki zmielonego ziela angielskiego

225 g czarnych porzeczek

Wymieszaj mąkę, proszek do pieczenia i sól, a następnie utrzyj masło lub margarynę. Dodaj cukier i płatki owsiane. Połowę ciasta wylać na spód kwadratowej formy do ciasta o wymiarach 9/25 cm, natłuszczonej i wyłożonej papierem. Wymieszaj jabłka, skrobię kukurydzianą i przyprawy, posmaruj. Posyp czarnymi porzeczkami. Wlać pozostałą masę i wyrównać wierzch. Piec w piekarniku nagrzanym do 180°C/350°F/stopień gazu 4 przez 30 minut, aż ciasto będzie sprężyste. Studzimy i następnie kroimy w batoniki.

Batony morelowe i owsiane

Robi 24

75 g / 3 uncje / ½ szklanki suszonych moreli

25 g / 1 uncja / 3 łyżki sułtanek (złotych rodzynek)

250 ml / 8 uncji / 1 szklanka wody

5 ml / 1 łyżeczka soku z cytryny

150 g / 5 uncji / 2/3 szklanki miękkiego brązowego cukru

50 g / 2 uncje / ½ szklanki suszonego kokosa (rozdrobnionego)

50 g / 2 uncje / ½ szklanki mąki zwykłej (uniwersalnej)

2,5 ml / ½ łyżeczki sody oczyszczonej (soda oczyszczona)

100 g / 4 uncje / 1 szklanka płatków owsianych

50 g / 2 uncje / ¼ szklanki roztopionego masła

W małym rondlu umieść morele, rodzynki, wodę, sok z cytryny i 30 ml / 2 łyżki brązowego cukru i mieszaj na małym ogniu, aż zgęstnieje. Dodać kokos i ostudzić. Wymieszaj mąkę, sodę oczyszczoną, płatki owsiane i pozostały cukier, a następnie dodaj roztopione masło. Wciśnij połowę mieszanki owsianej na dno natłuszczonej kwadratowej formy do pieczenia o średnicy 20 cm / 8 cali i rozłóż na wierzch mieszankę morelową. Wlać pozostałą mieszankę owsianą i lekko docisnąć. Piec w piekarniku nagrzanym do 180°C/350°F/stopień gazu 4 przez 30 minut, aż ciasto będzie złociste. Studzimy, a następnie kroimy w słupki.

morelowy chrupiący

Kończy 16 lat

100 g / 4 uncje / 2/3 szklanki gotowych do spożycia suszonych moreli

120 ml / 4 uncje / ½ szklanki soku pomarańczowego

100 g / 4 uncje / ½ szklanki masła lub margaryny

75 g / 3 uncje / ¾ szklanki mąki pełnoziarnistej (pełnoziarnistej)

75 g / 3 uncje / ¾ szklanki płatków owsianych

75 g / 3 uncje / 1/3 szklanki cukru demerara

Morele namoczyć w soku pomarańczowym przez co najmniej 30 minut, aż będą miękkie, następnie odcedzić i posiekać. Wcieraj masło lub margarynę w mąkę, aż mieszanina będzie przypominać bułkę tartą. Dodaj płatki owsiane i cukier. Połowę masy wcisnąć do natłuszczonej bułki szwajcarskiej o wymiarach 30 x 20 cm / 12 x 8 (forma na muffinki) i posypać morelami. Na wierzch wyłóż pozostałą masę i delikatnie dociśnij. Piec w piekarniku nagrzanym do 180°C/350°F/stopień gazu 4 przez 25 minut, aż ciasto będzie złociste. Pozostawić do ostygnięcia w formie przed wyjęciem z formy i pokrojeniem na batony.

Laski bananowe z orzechami

około 14 lat temu

50 g / 2 uncje / ¼ szklanki miękkiego masła lub margaryny

75 g / 3 uncje / 1/3 szklanki sproszkowanego (bardzo drobnego) cukru lub miękkiego brązowego cukru

2 duże banany, pokrojone w plasterki

175 g / 6 uncji / 1 ½ szklanki mąki zwykłej (uniwersalnej)

7,5 ml / 1½ łyżeczki proszku do pieczenia

2 ubite jajka

50 g / 2 uncje / ½ szklanki posiekanych orzechów włoskich

Masło lub margarynę utrzeć z cukrem. Banany rozgnieść i wymieszać z masą. Wymieszaj mąkę i proszek do pieczenia. Do masy bananowej dodać mąkę, jajka i orzechy włoskie i dobrze wymieszać. Przelać do natłuszczonej i wyłożonej papierem formy o wymiarach 18 x 28 cm / 7 x 11, wyrównać powierzchnię i piec w piekarniku nagrzanym do 160°C / 325°F / gaz nr 3 przez 30-35 minut, aż ciasto się zetnie. dotknąć Pozostawić do wystygnięcia w formie na kilka minut, następnie przełożyć na metalową kratkę do dokończenia studzenia. Pokroić na około 14 batoników.

Brownie amerykańskie

około 15 lat temu

2 duże jajka

225 g / 8 uncji / 1 szklanka cukru pudru (bardzo drobnego)

50 g roztopionego masła lub margaryny

2,5 ml / ½ łyżeczki esencji waniliowej (ekstrakt)

75 g / 3 uncje / ¾ szklanki mąki zwykłej (uniwersalnej)

45 ml / 3 łyżki kakao (niesłodzonej czekolady)

2,5 ml / ½ łyżeczki proszku do pieczenia

szczypta soli

50 g / 2 uncje / ½ szklanki posiekanych orzechów włoskich

Jajka i cukier ubić na gęstą i kremową masę. Ubij masło i esencję waniliową. Przesiać mąkę, kakao, proszek do pieczenia i sól, wymieszać z orzechami. Wylać do dobrze natłuszczonej tortownicy o średnicy 20 cm. Piec w piekarniku nagrzanym do 180°C/350°F/stopień gazu 4 przez 40 do 45 minut, aż ciasto będzie sprężyste w dotyku. Pozostawić w formie na 10 minut, następnie pokroić w kwadraty i jeszcze gorące przenieść na metalową kratkę.

Czekoladowe ciasteczka

Ma około 16 lat

225 g / 8 uncji / 1 szklanka masła lub margaryny

175 g / 6 uncji / ¾ szklanki granulowanego cukru

350 g / 12 uncji / 3 szklanki samorosnącej mąki

30 ml / 2 łyżki kakao (niesłodzonej czekolady)

Na lukier (lukier):

175 g / 6 uncji / 1 szklanka cukru pudru (cukierniczego), przesianego

30 ml / 2 łyżki kakao (niesłodzonej czekolady)

Gotująca się woda

Rozpuść masło lub margarynę, a następnie dodaj granulowany cukier. Dodać mąkę i kakao. Wciśnij do formy do pieczenia o wymiarach 18 x 28 cm / 7 x 11 cali. Piec w piekarniku nagrzanym do 180°C/350°F/stopień gazu 4 przez około 20 minut, aż ciasto będzie sprężyste w dotyku.

Glazurę przygotowujemy przesiewając do miski cukier puder i kakao, dodając kroplę wrzącej wody. Mieszaj, aż składniki dobrze się połączą, w razie potrzeby dodając odrobinę wody. Zamroź ciasteczka, gdy są jeszcze ciepłe (ale nie gorące), a następnie poczekaj, aż ostygną, zanim pokroisz je na kwadraty.

Brownie czekoladowo-orzechowe

przed 12

50 g / 2 uncje / ½ szklanki gładkiej (półsłodkiej) czekolady

75 g / 3 uncje / 1/3 szklanki masła lub margaryny

225 g / 8 uncji / 1 szklanka cukru pudru (bardzo drobnego)

75 g / 3 uncje / ¾ szklanki mąki zwykłej (uniwersalnej)

75 g posiekanych orzechów włoskich

50 g / 2 uncje / ½ szklanki kawałków czekolady

2 ubite jajka

2,5 ml / ½ łyżeczki esencji waniliowej (ekstrakt)

Rozpuść czekoladę i masło lub margarynę w żaroodpornej misce ustawionej nad garnkiem z gotującą się wodą. Zdjąć z ognia i dodać pozostałe składniki. Umieścić w natłuszczonej i wyłożonej papierem formie o średnicy 20 cm / 8 i piec w nagrzanym piekarniku w temperaturze 180°C / 350°F / gaz nr 4 przez 30 minut, aż wykałaczka włożona w środek będzie czysta. Pozostawić do ostygnięcia w formie, a następnie pokroić w kwadraty.

Paluszki maślane

Kończy 16 lat

100 g / 4 uncje / ½ szklanki miękkiego masła lub margaryny

100 g / 4 uncje / ½ szklanki cukru pudru (bardzo drobnego)

1 jajko, oddzielone

100 g / 4 uncje / 1 szklanka mąki zwykłej (uniwersalnej)

25 g / 1 uncja / ¼ szklanki posiekanych mieszanych orzechów

Masło lub margarynę utrzeć z cukrem na jasną i puszystą masę. Wmieszaj żółtko, następnie dodaj mąkę i orzechy włoskie, aby uzyskać dość sztywną mieszankę. Jeżeli jest zbyt twarde, dodać trochę mleka; jeśli jest rzadkie, dodać trochę więcej mąki. Ciasto włóż do natłuszczonej szwajcarskiej formy o wymiarach 30 x 20 cm (galaretowa). Białka ubić na pianę i posmarować powstałą mieszankę. Piec w piekarniku nagrzanym do 180°C/350°F/stopień gazu 4 przez 30 minut, aż ciasto będzie złociste. Studzimy, a następnie kroimy w słupki.

Taca z wiśniami i karmelem

przed 12

100 g / 4 uncje / 1 szklanka migdałów

225 g / 8 uncji / 1 szklanka glazurowanych (kandyzowanych) wiśni, przekrojonych na połówki

225 g / 8 uncji / 1 szklanka miękkiego masła lub margaryny

225 g / 8 uncji / 1 szklanka cukru pudru (bardzo drobnego)

3 ubite jajka

100 g / 4 uncje / 1 szklanka samorosnącej mąki

50 g / 2 uncje / ½ szklanki mielonych migdałów

5 ml / 1 łyżeczka proszku do pieczenia

5 ml / 1 łyżeczka esencji migdałowej (ekstrakt)

Na dno natłuszczonej i wyłożonej papierem formy o średnicy 20 cm rozpuść migdały i wiśnie. Rozpuść 50 g masła lub margaryny z 50 g cukru i polej wiśnie i orzechy włoskie. Utrzyj resztę masła lub margaryny z cukrem, aż będzie jasna i puszysta, następnie ubić jajka, dodać mąkę, zmielone migdały, proszek do pieczenia i esencję migdałową. Wlać masę do formy, wyrównać wierzch. Piec w piekarniku nagrzanym do 160°C/325°F/gaz klasa 3 przez 1 godzinę Pozostawić na kilka minut do ostygnięcia w formie, następnie ostrożnie przełożyć na metalową kratkę, w razie potrzeby zeskrobując wierzch pergaminu i pozostawić do całkowitego wystygnięcia przed krojeniem.

tacka na kawałki czekolady

Robi 24

100 g / 4 uncje / ½ szklanki miękkiego masła lub margaryny

100 g / 4 uncje / ½ szklanki miękkiego brązowego cukru

50 g / 2 uncje / ¼ szklanki cukru pudru (bardzo drobnego)

1 jajko

5 ml / 1 łyżeczka esencji waniliowej (ekstrakt)

100 g / 4 uncje / 1 szklanka mąki zwykłej (uniwersalnej)

2,5 ml / ½ łyżeczki sody oczyszczonej (soda oczyszczona)

szczypta soli

100 g / 4 uncje / 1 szklanka kawałków czekolady

Masło lub margarynę ubić z cukrem na jasną i puszystą masę, następnie stopniowo dodawać jajka i esencję waniliową. Dodać mąkę, sodę oczyszczoną i sól. Dodaj kawałki czekolady. Wlać do wyłożonej i natłuszczonej formy do pieczenia o średnicy 25 cm/12 cm i piec w nagrzanym piekarniku w temperaturze 190°C/375°F/gaz, stopień 2, przez 15 minut, aż uzyska złoty kolor. Pozostawić do ostygnięcia, a następnie pokroić w kwadraty.

warstwa okruchów cynamonu

przed 12

Dla podkładu:

100 g / 4 uncje / ½ szklanki miękkiego masła lub margaryny

30 ml / 2 łyżki jasnego miodu

2 jajka, lekko ubite

100 g / 4 uncje / 1 szklanka mąki zwykłej (uniwersalnej)

Na kruszonkę:

75 g / 3 uncje / 1/3 szklanki masła lub margaryny

75 g / 3 uncje / ¾ szklanki mąki zwykłej (uniwersalnej)

75 g / 3 uncje / ¾ szklanki płatków owsianych

5 ml / 1 łyżeczka mielonego cynamonu

50 g / 2 uncje / ¼ szklanki cukru demerara

Masło lub margarynę utrzeć z miodem na jasną i puszystą masę. Stopniowo dodajemy jajka, następnie mąkę. Połowę mieszanki wlać do natłuszczonej kwadratowej formy o średnicy 20 cm i wyrównać powierzchnię.

Aby uzyskać okruchy, wcieraj masło lub margarynę w mąkę, aż mieszanina będzie przypominać bułkę tartą. Dodać płatki owsiane, cynamon i cukier. Na patelnię wsyp połowę bułki tartej, posyp ją pozostałą mieszanką ciasta i resztą bułki tartej. Piec w piekarniku nagrzanym do 190°C / 375°F / gaz nr 5 przez około 35 minut, aż wykałaczka wbita w środek będzie sucha. Studzimy, a następnie kroimy w słupki.

lepkie laski cynamonu

Kończy 16 lat

225 g / 8 uncji / 2 szklanki mąki zwykłej (uniwersalnej)

10 ml / 2 łyżeczki proszku do pieczenia

225 g / 8 uncji / 1 szklanka miękkiego brązowego cukru

15 ml / 1 łyżka roztopionego masła

250 ml / 8 uncji / 1 szklanka mleka

30 ml / 2 łyżki cukru demerara

10 ml / 2 łyżeczki mielonego cynamonu

25 g / 1 uncja / 2 łyżki masła, zimnego i pokrojonego w kostkę

Wymieszaj mąkę, proszek do pieczenia i cukier. Dodać roztopione masło i mleko i dobrze wymieszać. Wciśnij mieszaninę do dwóch kwadratowych foremek na ciasto o średnicy 23 cm. Posyp wierzch cukrem demerara i cynamonem, następnie wciśnij kawałki masła w powierzchnię. Piec w piekarniku nagrzanym do 180°C/350°F/gaz, stopień 4, przez 30 minut. Masło zrobi dziury w mieszance i stanie się lepkie podczas gotowania.

batony kokosowe

Kończy 16 lat

75 g / 3 uncje / 1/3 szklanki masła lub margaryny

100 g / 4 uncje / 1 szklanka mąki zwykłej (uniwersalnej)

30 ml / 2 łyżki cukru pudru (bardzo drobny)

2 jajka

100 g / 4 uncje / ½ szklanki miękkiego brązowego cukru

szczypta soli

175 g / 6 uncji / 1 ½ szklanki suszonego kokosa (rozdrobnionego)

50 g / 2 uncje / ½ szklanki posiekanych mieszanych orzechów

pomarańczowa glazura

Wcieraj masło lub margarynę w mąkę, aż mieszanina będzie przypominać bułkę tartą. Dodaj cukier i wciśnij do niezatłuszczonej kwadratowej formy do pieczenia o średnicy 23 cm. Piec w piekarniku nagrzanym do 190°C/350°F/stopień gazu 4 przez 15 minut, aż ciasto się zetnie.

Wymieszaj jajka, brązowy cukier i sól, następnie dodaj kokos i orzechy włoskie i rozprowadź na bazie. Piec przez 20 minut, aż ciasto się zetnie i będzie złociste. Zimny lód z pomarańczową polewą. Pokrój w słupki.

Paluszki kanapkowe z kokosem i dżemem

Kończy 16 lat

25 g / 1 uncja / 2 łyżki masła lub margaryny

175 g / 6 uncji / 1½ szklanki samorosnącej mąki

225 g / 8 uncji / 1 szklanka cukru pudru (bardzo drobnego)

2 żółtka

75 ml / 5 łyżek wody

175 g / 6 uncji / 1 ½ szklanki suszonego kokosa (rozdrobnionego)

4 białka jaj

50 g / 2 uncje / ½ szklanki mąki zwykłej (uniwersalnej)

100 g / 4 uncje / 1/3 szklanki dżemu truskawkowego (rezerwa)

Wcieraj masło lub margarynę w samorosnącą mąkę, następnie dodaj 50g / 2 uncje / ¼ szklanki cukru. Żółtka ubić z 45 ml / 3 łyżkami wody i wymieszać z masą. Wciśnij bułkę szwajcarską o wymiarach 30 x 20 cm / 12 x 8 z masłem (bułkę z galaretką) na spód i nakłuj widelcem. Piec w piekarniku nagrzanym do 180°C/350°F/gaz, stopień 4, przez 12 minut. Pozwolimy mu ostygnąć.

Na patelnię włóż wiórki kokosowe, resztę cukru, wodę i jedno białko i mieszaj na małym ogniu, aż mieszanina stanie się brązowa. Pozwolimy mu ostygnąć. Dodaj zwykłą mąkę. Pozostałe białka ubić na sztywną pianę, a następnie dodać je do masy. Na spodzie rozsmaruj dżem, a następnie posmaruj polewą kokosową. Piec w piekarniku przez 30 minut na złoty kolor. Pozostawić do ostygnięcia w formie przed pokrojeniem na batony.

Blacha do pieczenia daktyli i jabłek

przed 12

1 jabłko do gotowania (ciasto), obrane, wydrążone i posiekane

225 g / 8 uncji / 11/3 szklanki daktyli bez pestek, posiekanych

150 ml / ¼ pkt / 2/3 szklanki wody

350 g / 12 uncji / 3 szklanki płatków owsianych

175 g / 6 uncji / ¾ szklanki roztopionego masła lub margaryny

45 ml / 3 łyżki cukru demerara

5 ml / 1 łyżeczka mielonego cynamonu

Umieść jabłka, daktyle i wodę na patelni i gotuj przez około 5 minut, aż jabłka będą miękkie. Pozwolimy mu ostygnąć. Wymieszaj płatki owsiane, masło lub margarynę, cukier i cynamon. Połowę ciasta wylać do natłuszczonej formy o średnicy 20 cm i wyrównać powierzchnię. Na wierzch wyłóż mieszankę jabłkowo-daktylową, następnie resztę mieszanki owsianej i wypoziomuj powierzchnię. Delikatnie dociśnij. Piec w piekarniku nagrzanym do 190°C/375°F/stopień gazu 5 przez około 30 minut, aż ciasto będzie złociste. Studzimy, a następnie kroimy w słupki.

plasterki daktyli

przed 12

225 g / 8 uncji / 1 1/3 szklanki daktyli bez pestek, posiekanych

30 ml / 2 łyżki jasnego miodu

30 ml / 2 łyżki soku z cytryny

225 g / 8 uncji / 1 szklanka masła lub margaryny

225 g / 8 uncji / 2 szklanki mąki pełnoziarnistej (pełnoziarnistej)

225 g / 8 uncji / 2 szklanki płatków owsianych

75 g / 3 uncje / 1/3 szklanki miękkiego brązowego cukru

Daktyle, miód i sok z cytryny gotuj na małym ogniu przez kilka minut, aż daktyle będą miękkie. Masło lub margarynę utrzeć z mąką i płatkami owsianymi, aż masa będzie przypominać bułkę tartą, następnie dodać cukier. Połowę masy przełóż do natłuszczonej i wyłożonej papierem kwadratowej formy o średnicy 20 cm. Na wierzch wylej masę daktylową i wykończ pozostałą masą ciasta. Naciśnij mocno. Piec w piekarniku nagrzanym do 190°C/375°F/stopień gazu 5 przez 35 minut, aż ciasto będzie sprężyste w dotyku. Pozostawić do ostygnięcia w formie, jeszcze gorące pokroić w plasterki.

Babcia randkowa bary

Kończy 16 lat

100 g / 4 uncje / ½ szklanki miękkiego masła lub margaryny

225 g / 8 uncji / 1 szklanka miękkiego brązowego cukru

2 jajka, lekko ubite

175 g / 6 uncji / 1 ½ szklanki mąki zwykłej (uniwersalnej)

2,5 ml / ½ łyżeczki sody oczyszczonej (soda oczyszczona)

5 ml / 1 łyżeczka mielonego cynamonu

Szczypta zmielonych goździków

Szczypta startej gałki muszkatołowej

175 g / 6 uncji / 1 szklanka daktyli bez pestek, posiekanych

Masło lub margarynę utrzeć z cukrem na jasną i puszystą masę. Stopniowo dodawaj jajka, dobrze ubijając po każdym dodaniu. Dodaj pozostałe składniki, aż dobrze się połączą. Wlać do natłuszczonej i oprószonej mąką kwadratowej formy do pieczenia o średnicy 23 cm (forma) i piec w nagrzanym piekarniku w temperaturze 180°C / 350°F / gaz 4 przez 25 minut, aż patyczek włożony w środek będzie czysty. Studzimy, a następnie kroimy w słupki.

Daktyle i batoniki owsiane

Kończy 16 lat

175 g / 6 uncji / 1 szklanka daktyli bez pestek, posiekanych

15 ml / 1 łyżka jasnego miodu

30 ml / 2 łyżki wody

225 g / 8 uncji / 2 szklanki mąki pełnoziarnistej (pełnoziarnistej)

100 g / 4 uncje / 1 szklanka płatków owsianych

100 g / 4 uncje / ½ szklanki miękkiego brązowego cukru

150 g / 5 uncji / 2/3 szklanki roztopionego masła lub margaryny

Daktyle, miód i wodę gotujemy w małym rondlu, aż daktyle będą miękkie. Wymieszaj mąkę, płatki owsiane i cukier, a następnie dodaj roztopione masło lub margarynę. Połowę masy przełożyć do natłuszczonej kwadratowej formy o średnicy 18 cm/7, posypać masą daktylową, posypać pozostałą masą owsianą i delikatnie docisnąć. Piec w piekarniku nagrzanym do 180°C/350°F/stopień gazu 4 przez 1 godzinę, aż ciasto będzie twarde i złociste. Pozostawić do ostygnięcia w formie, jeszcze gorące pokroić w słupki.

Batony daktylowe i orzechowe

przed 12

100 g / 4 uncje / ½ szklanki miękkiego masła lub margaryny

150 g / 5 uncji / 2/3 szklanki drobnego cukru (bardzo drobnego).

1 jajko, lekko ubite

100 g / 4 uncje / 1 szklanka samorosnącej mąki

225 g / 8 uncji / 11/3 szklanki daktyli bez pestek, posiekanych

100 g / 4 uncje / 1 szklanka posiekanych orzechów włoskich

15 ml / 1 łyżka mleka (opcjonalnie)

100 g / 4 uncje / 1 szklanka gładkiej (półsłodkiej) czekolady

Masło lub margarynę utrzeć z cukrem na jasną i puszystą masę. Dodajemy jajka, następnie mąkę, daktyle i orzechy włoskie, jeśli masa jest zbyt sztywna, dodajemy trochę mleka. Przełóż łyżką do natłuszczonej formy do bułek szwajcarskich o wymiarach 30 x 20 cm / 12 x 8 i piecz w nagrzanym piekarniku w temperaturze 180°C / 350°F / poziom gazu 4 przez 30 minut, aż ciasto będzie sprężyste w dotyku. Pozwolimy mu ostygnąć.

Rozpuść czekoladę w żaroodpornej misce ustawionej nad garnkiem z wrzącą wodą. Posmaruj mieszanką i pozostaw do ostygnięcia i ustawienia. Ostrym nożem pokroić w słupki.

paluszki figowe

Kończy 16 lat

225 g świeżych fig, posiekanych

30 ml / 2 łyżki jasnego miodu

15 ml / 1 łyżka soku z cytryny

225 g / 8 uncji / 2 szklanki mąki pełnoziarnistej (pełnoziarnistej)

225 g / 8 uncji / 2 szklanki płatków owsianych

225 g / 8 uncji / 1 szklanka masła lub margaryny

75 g / 3 uncje / 1/3 szklanki miękkiego brązowego cukru

Gotuj figi, miód i sok z cytryny na małym ogniu przez 5 minut. Niech lekko ostygnie. Mąkę wymieszać z płatkami owsianymi, następnie rozetrzeć z masłem lub margaryną i dodać cukier. Wciśnij połowę mieszanki do natłuszczonej kwadratowej formy o średnicy 20 cm i wylej na wierzch masę figową. Wlać pozostałą masę ciasta i mocno docisnąć. Piec w piekarniku nagrzanym do 180°C/350°F/stopień gazu 4 przez 30 minut, aż ciasto będzie złociste. Pozostawić do ostygnięcia w formie i kroić jeszcze gorące.

klapki

Kończy 16 lat

75 g / 3 uncje / 1/3 szklanki masła lub margaryny

50 g / 2 uncje / 3 łyżki złotego syropu (jasna kukurydza)

100 g / 4 uncje / ½ szklanki miękkiego brązowego cukru

175 g / 6 uncji / 1½ szklanki płatków owsianych

Rozpuść masło lub margarynę z syropem i cukrem, następnie dodaj płatki owsiane. Wlać do natłuszczonej kwadratowej formy o średnicy 20 cm i piec w nagrzanym piekarniku w temperaturze 180°C/350°F/gaz, stopień 4, przez około 20 minut, aż będzie lekko złociste. Pozostawić do lekkiego ostygnięcia przed pokrojeniem na batony i pozostawić do całkowitego ostygnięcia w formie przed wyjęciem z patelni.

naleśniki wiśniowe

Kończy 16 lat

75 g / 3 uncje / 1/3 szklanki masła lub margaryny

50 g / 2 uncje / 3 łyżki złotego syropu (jasna kukurydza)

100 g / 4 uncje / ½ szklanki miękkiego brązowego cukru

175 g / 6 uncji / 1½ szklanki płatków owsianych

100 g / 4 uncje / 1 szklanka posiekanych glazurowanych (kandyzowanych) wiśni

Rozpuść masło lub margarynę z syropem i cukrem, następnie dodaj płatki owsiane i wiśnie. Włóż do natłuszczonej kwadratowej formy do ciasta o średnicy 20 cm i piecz w nagrzanym piekarniku w temperaturze 180°C/350°F/stopień gazu 4 przez około 20 minut, aż uzyska lekko złoty kolor. Pozostawić do lekkiego ostygnięcia przed pokrojeniem na batony i pozostawić do całkowitego ostygnięcia w formie przed wyjęciem z patelni.

czekoladowy klaps

Kończy 16 lat

75 g / 3 uncje / 1/3 szklanki masła lub margaryny

50 g / 2 uncje / 3 łyżki złotego syropu (jasna kukurydza)

100 g / 4 uncje / ½ szklanki miękkiego brązowego cukru

175 g / 6 uncji / 1½ szklanki płatków owsianych

100 g / 4 uncje / 1 szklanka kawałków czekolady

Rozpuść masło lub margarynę z syropem i cukrem, następnie dodaj płatki owsiane i kawałki czekolady. Włóż do natłuszczonej kwadratowej formy do ciasta o średnicy 20 cm i piecz w nagrzanym piekarniku w temperaturze 180°C/350°F/stopień gazu 4 przez około 20 minut, aż uzyska lekko złoty kolor. Pozostawić do lekkiego ostygnięcia przed pokrojeniem na batony i pozostawić do całkowitego ostygnięcia w formie przed wyjęciem z patelni.

klapsy owocowe

Kończy 16 lat

75 g / 3 uncje / 1/3 szklanki masła lub margaryny

100 g / 4 uncje / ½ szklanki miękkiego brązowego cukru

50 g / 2 uncje / 3 łyżki złotego syropu (jasna kukurydza)

175 g / 6 uncji / 1½ szklanki płatków owsianych

75 g / 3 uncje / ½ szklanki rodzynek, rodzynek lub innych suszonych owoców

Rozpuść masło lub margarynę z cukrem i syropem, następnie dodaj płatki owsiane i rodzynki. Włóż do natłuszczonej kwadratowej formy do ciasta o średnicy 20 cm i piecz w nagrzanym piekarniku w temperaturze 180°C/350°F/stopień gazu 4 przez około 20 minut, aż uzyska lekko złoty kolor. Pozostawić do lekkiego ostygnięcia przed pokrojeniem w batony, a następnie pozostawić do całkowitego ostygnięcia na patelni przed wyjęciem z patelni.

Paszteciki owocowo-orzechowe

Kończy 16 lat

75 g / 3 uncje / 1/3 szklanki masła lub margaryny

100 g / 4 uncje / 1/3 szklanki jasnego miodu

50 g / 2 uncje / 1/3 szklanki rodzynek

50 g / 2 uncje / ½ szklanki posiekanych orzechów włoskich

175 g / 6 uncji / 1½ szklanki płatków owsianych

Na małym ogniu roztapiamy masło lub margarynę z miodem. Dodaj rodzynki, orzechy i płatki owsiane i dobrze wymieszaj. Przełóż łyżką do natłuszczonej kwadratowej formy do ciasta o średnicy 23 cm i piecz w nagrzanym piekarniku w temperaturze 180°C/350°F/stopień gazu 4 przez 25 minut. Pozostawić do ostygnięcia w formie, jeszcze gorące pokroić w słupki.

Piernikowe klaskacze

Kończy 16 lat

75 g / 3 uncje / 1/3 szklanki masła lub margaryny

100 g / 4 uncje / ½ szklanki miękkiego brązowego cukru

50 g 3 łyżki syropu ze słoika z łodygą imbiru

175 g / 6 uncji / 1½ szklanki płatków owsianych

4 kawałki łodygi imbiru, drobno posiekane

Rozpuść masło lub margarynę z cukrem i syropem, następnie dodaj płatki owsiane i imbir. Włóż do natłuszczonej kwadratowej formy do ciasta o średnicy 20 cm i piecz w nagrzanym piekarniku w temperaturze 180°C/350°F/stopień gazu 4 przez około 20 minut, aż uzyska lekko złoty kolor. Pozostawić do lekkiego ostygnięcia przed pokrojeniem na batony i pozostawić do całkowitego ostygnięcia w formie przed wyjęciem z patelni.

Płatki orzechowe

Kończy 16 lat

75 g / 3 uncje / 1/3 szklanki masła lub margaryny

50 g / 2 uncje / 3 łyżki złotego syropu (jasna kukurydza)

100 g / 4 uncje / ½ szklanki miękkiego brązowego cukru

175 g / 6 uncji / 1½ szklanki płatków owsianych

100 g / 4 uncje / 1 szklanka posiekanych orzechów

Rozpuść masło lub margarynę z syropem i cukrem, następnie dodaj płatki owsiane i orzechy. Włóż do natłuszczonej kwadratowej formy do ciasta o średnicy 20 cm i piecz w nagrzanym piekarniku w temperaturze 180°C/350°F/stopień gazu 4 przez około 20 minut, aż uzyska lekko złoty kolor. Pozostawić do lekkiego ostygnięcia przed pokrojeniem w batony, a następnie pozostawić do całkowitego ostygnięcia na patelni przed wyjęciem z patelni.

Pikantne ciasto cytrynowe

Kończy 16 lat

100 g / 4 uncje / 1 szklanka mąki zwykłej (uniwersalnej)

100 g / 4 uncje / ½ szklanki miękkiego masła lub margaryny

75 g / 3 uncje / ½ szklanki cukru pudru (cukierniczego), przesianego

2,5 ml / ½ łyżeczki proszku do pieczenia

szczypta soli

30 ml / 2 łyżki soku z cytryny

10 ml / 2 łyżeczki startej skórki z cytryny

Wymieszaj mąkę, masło lub margarynę, cukier puder i proszek do pieczenia. Włóż do natłuszczonej kwadratowej formy o średnicy 23 cm i piecz w nagrzanym piekarniku w temperaturze 180°C/350°F/stopień gazu 4 przez 20 minut.

Połącz pozostałe składniki i ubijaj, aż masa będzie jasna i puszysta. Umieścić na gorącej podstawie, zmniejszyć temperaturę piekarnika do 160°C / 325°F / gaz 3 i wstawić ponownie do piekarnika na kolejne 25 minut, aż ciasto będzie sprężyste w dotyku. Pozostawić do ostygnięcia, a następnie pokroić w kwadraty.

Kokosowe kwadraty mokki

przed 20

1 jajko

100 g / 4 uncje / ½ szklanki cukru pudru (bardzo drobnego)

100 g / 4 uncje / 1 szklanka mąki zwykłej (uniwersalnej)

10 ml / 2 łyżeczki proszku do pieczenia

szczypta soli

75 ml / 5 łyżek mleka

75 g / 3 uncje / 1/3 szklanki roztopionego masła lub margaryny

15 ml / 1 łyżka kakao w proszku (niesłodzona czekolada)

2,5 ml / ½ łyżeczki esencji waniliowej (ekstrakt)

Do dressingu:

75 g / 3 uncje / ½ szklanki cukru pudru (cukierniczego), przesianego

50 g roztopionego masła lub margaryny

45 ml / 3 łyżki gorącej, mocnej czarnej kawy

15 ml / 1 łyżka kakao w proszku (niesłodzona czekolada)

2,5 ml / ½ łyżeczki esencji waniliowej (ekstrakt)

25 g / 1 uncja / ¼ szklanki suszonego kokosa (rozdrobnionego)

Jajka i cukier ubić na jasną i puszystą masę. Dodawać na zmianę mąkę, proszek do pieczenia i sól z mlekiem i roztopionym masłem lub margaryną. Dodać kakao i esencję waniliową. Wlać mieszaninę do natłuszczonej kwadratowej formy (20 cm) i piec w nagrzanym piekarniku w temperaturze 200°C/400°F/gaz 6 przez 15 minut, aż dobrze wyrośnie i będzie sprężyste w dotyku.

Aby przygotować lukier, wymieszaj cukier puder, masło lub margarynę, kawę, kakao i esencję waniliową. Rozsmarować na ciepłym cieście i posypać wiórkami kokosowymi. Pozostawić do ostygnięcia w formie, następnie wyjąć z formy i pokroić w kwadraty.

Witam Ciasteczka Dolly

Kończy 16 lat

100 g / 4 uncje / ½ szklanki masła lub margaryny

100 g / 4 uncje / 1 szklanka herbatników trawiennych

(krakers grahamowy) okruchy

100 g / 4 uncje / 1 szklanka kawałków czekolady

100 g / 4 uncje / 1 szklanka suszonego kokosa (rozdrobnionego)

100 g / 4 uncje / 1 szklanka posiekanych orzechów włoskich

400 g / 14 uncji / 1 duża puszka skondensowanego mleka

Rozpuść masło lub margarynę i dodaj pokruszone ciasteczka. Wciśnij mieszaninę na dno natłuszczonej i wyłożonej folią formy do ciasta o wymiarach 28 x 18 cm / 11 x 7. Posyp kawałkami czekolady, następnie kokosem i na koniec orzechami pekan. Wlać skondensowane mleko i piec w piekarniku nagrzanym do 180°C / 350°F / gaz, stopień 4, przez 25 minut. Jeszcze gorące pokroić w słupki, a następnie całkowicie ostudzić.

Batony kokosowe z orzechami i czekoladą

przed 12

75 g mlecznej czekolady

75 g / 3 uncje / ¾ szklanki gładkiej (półsłodkiej) czekolady

75 g / 3 uncje / 1/3 szklanki chrupiącego masła orzechowego

75 g / 3 uncje / ¾ szklanki okruszków krakersów trawiennych (graham cracker)

75 g / 3 uncje / ¾ szklanki orzechów włoskich, pokruszonych

75 g / 3 uncje / ¾ szklanki suszonego kokosa (rozdrobnionego)

75 g / 3 uncje / ¾ szklanki białej czekolady

Rozpuść mleczną czekoladę w żaroodpornej misce ustawionej nad garnkiem z wrzącą wodą. Podzielić na spód tortownicy o średnicy 23 cm i pozostawić do stwardnienia.

Delikatnie rozpuść naturalną czekoladę i masło orzechowe na małym ogniu, następnie dodaj bułkę tartą, orzechy włoskie i kokos. Posmaruj ubitą czekoladą i wstaw do lodówki, aż masa stwardnieje.

Rozpuść białą czekoladę w żaroodpornej misce ustawionej nad garnkiem z wrzącą wodą. Posmaruj ciasteczka według wzoru i poczekaj, aż stwardnieją, a następnie pokrój je w batony.

kwadraty orzechowe

przed 12

75 g / 3 uncje / ¾ szklanki gładkiej (półsłodkiej) czekolady

50 g / 2 uncje / ¼ szklanki masła lub margaryny

100 g / 4 uncje / ½ szklanki cukru pudru (bardzo drobnego)

2 jajka

5 ml / 1 łyżeczka esencji waniliowej (ekstrakt)

75 g / 3 uncje / ¾ szklanki mąki zwykłej (uniwersalnej)

2,5 ml / ½ łyżeczki proszku do pieczenia

100 g / 4 uncje / 1 szklanka posiekanych orzechów

Rozpuść czekoladę w żaroodpornej misce ustawionej nad garnkiem z wrzącą wodą. Dodajemy masło aż się rozpuści, następnie dodajemy cukier. Zdjąć z ognia i wymieszać z jajkami i esencją waniliową. Dodać mąkę, proszek do pieczenia i orzechy. Wlać mieszaninę do natłuszczonej formy kwadratowej o boku 25 cm/10 i piec w nagrzanym piekarniku w temperaturze 180°C/350°F/stopień gazu 4 przez 15 minut, aż uzyska złoty kolor. Jeszcze gorące pokroić w kostkę.

Orzechowe plastry pomarańczy

Kończy 16 lat

375 g / 13 uncji / 3 ¼ szklanki mąki zwykłej (uniwersalnej)

275 g / 10 uncji / 1¼ szklanki drobnego (bardzo drobnego) cukru

5 ml / 1 łyżeczka proszku do pieczenia

75 g / 3 uncje / 1/3 szklanki masła lub margaryny

2 ubite jajka

175 ml / 6 uncji / ¾ szklanki mleka

200 g / 7 uncji / 1 mała puszka mandarynek, odsączonych i grubo posiekanych

100 g / 4 uncje / 1 szklanka posiekanych orzechów pekan

Drobno starta skórka z 2 pomarańczy

10 ml / 2 łyżeczki mielonego cynamonu

Wymieszaj 325 g / 12 uncji / 3 szklanki mąki, 225 g / 8 uncji / 1 szklankę cukru i proszek do pieczenia. Rozpuść 50 g / 2 uncje / ¼ szklanki masła lub margaryny, dodaj jajka i mleko. Delikatnie wymieszaj płyn z suchymi składnikami, aż masa będzie gładka. Dodaj mandarynki, orzechy pekan i skórkę pomarańczową. Przelać do natłuszczonej i wyłożonej papierem formy do pieczenia o wymiarach 30 x 20 cm / 12 x 8. Posypać pozostałą mąką, cukrem, masłem i cynamonem i posypać ciasto. Piec w piekarniku nagrzanym do 180°C/350°F/stopień gazu 4 przez 40 minut, aż ciasto będzie złociste. Pozostawić do ostygnięcia w formie, a następnie pokroić na ok. 16 plasterków.

Herbatnik

zrób 16 kwadratów

100 g / 4 uncje / ½ szklanki smalcu (ghee)

100 g / 4 uncje / ½ szklanki masła lub margaryny

75 g / 3 uncje / 1/3 szklanki miękkiego brązowego cukru

100 g / 4 uncje / 1/3 szklanki złotego syropu (jasna kukurydza)

100 g / 4 uncje / 1/3 szklanki melasy z czarnego paska (melasa)

10 ml / 2 łyżeczki sody oczyszczonej (soda oczyszczona)

150 ml / ¼ pkt / 2/3 szklanki mleka

225 g / 8 uncji / 2 szklanki mąki pełnoziarnistej (pełnoziarnistej)

225 g / 8 uncji / 2 szklanki płatków owsianych

10 ml / 2 łyżeczki mielonego imbiru

2,5 ml / ½ łyżeczki soli

Na patelni roztapiamy smalec, masło lub margarynę, cukier, syrop i melasę. Sodę oczyszczoną rozpuścić w mleku i wymieszać na patelni z resztą składników. Wlać do natłuszczonej i wyłożonej papierem kwadratowej formy (20 cm) i piec w nagrzanym piekarniku w temperaturze 160°C/325°F/gaz, stopień 3, przez 1 godzinę, aż ciasto się zetnie. Może zapaść się w środku. Pozostawić do ostygnięcia, a następnie przechowywać w szczelnym pojemniku przez kilka dni przed pokrojeniem w kostkę i podaniem.

batoniki z masłem orzechowym

Kończy 16 lat

100 g / 4 uncje / 1 szklanka masła lub margaryny

175 g / 6 uncji / 1 ¼ szklanki mąki zwykłej (uniwersalnej)

175 g / 6 uncji / ¾ szklanki miękkiego brązowego cukru

75 g / 3 uncje / 1/3 szklanki masła orzechowego

szczypta soli

1 małe żółtko, ubite

2,5 ml / ½ łyżeczki esencji waniliowej (ekstrakt)

100 g / 4 uncje / 1 szklanka gładkiej (półsłodkiej) czekolady

50 g / 2 uncje / 2 szklanki dmuchanych płatków ryżowych

Wcieraj masło lub margarynę w mąkę, aż mieszanina będzie przypominać bułkę tartą. Dodać cukier, 30 ml / 2 łyżki masła orzechowego i sól. Dodaj żółtko i esencję waniliową i mieszaj, aż składniki się dobrze połączą. Wciśnij do kwadratowej formy do ciasta o średnicy 25 cm/10 cali. Piec w piekarniku nagrzanym do 160°C/325°F/stopień gazu 3 przez 30 minut, aż wyrosną i będą sprężyste w dotyku.

Rozpuść czekoladę w żaroodpornej misce ustawionej nad garnkiem z wrzącą wodą. Zdjąć z ognia i dodać resztę masła orzechowego. Dodać płatki i dobrze wymieszać, aż pokryją się czekoladową masą. Wylać na ciasto i wyrównać powierzchnię. Pozostawić do ostygnięcia, ostudzić i pokroić w słupki.

plasterki piknikowe

przed 12

225 g / 8 uncji / 2 szklanki gładkiej (półsłodkiej) czekolady

50 g / 2 uncje / ¼ szklanki miękkiego masła lub margaryny

100 g / 4 uncje / ½ szklanki cukru pudru

1 jajko, lekko ubite

100 g / 4 uncje / 1 szklanka suszonego kokosa (rozdrobnionego)

50 g / 2 uncje / 1/3 szklanki sułtanek (złotych rodzynek)

50 g glazurowanych (kandyzowanych) wiśni, posiekanych

Rozpuść czekoladę w żaroodpornej misce ustawionej nad garnkiem z wrzącą wodą. Wylać na dno natłuszczonej i wyłożonej papierem formy do bułek szwajcarskich (forma na muffiny) o wymiarach 30 x 20 cm (12 x 8). Masło lub margarynę utrzeć z cukrem na jasną i puszystą masę. Stopniowo dodawaj jajka, następnie wymieszaj z kokosem, rodzynkami i wiśniami. Posmaruj czekoladą i piecz w nagrzanym piekarniku w temperaturze 150°C/300°F/gaz, stopień 3, przez 30 minut, aż uzyska złoty kolor. Studzimy, a następnie kroimy w słupki.

Batony ananasowo-kokosowe

przed 20

1 jajko

100 g / 4 uncje / ½ szklanki cukru pudru (bardzo drobnego)

75 g / 3 uncje / ¾ szklanki mąki zwykłej (uniwersalnej)

5 ml / 1 łyżeczka proszku do pieczenia

szczypta soli

75 ml / 5 łyżek wody

Do dressingu:

200 g / 7 uncji / 1 mała puszka ananasa, odsączonego i posiekanego

25 g / 1 uncja / 2 łyżki masła lub margaryny

50 g / 2 uncje / ¼ szklanki cukru pudru (bardzo drobnego)

1 żółtko

25 g / 1 uncja / ¼ szklanki suszonego kokosa (rozdrobnionego)

5 ml / 1 łyżeczka esencji waniliowej (ekstrakt)

Jajka i cukier ubić na gładką i jasną masę. Dodawać mąkę, proszek do pieczenia i sól na zmianę z wodą. Wlać do natłuszczonej i oprószonej mąką formy do pieczenia (forma do pieczenia) i piec w nagrzanym piekarniku w temperaturze 200°C/400°F/gaz gazowy 6 przez 20 minut, aż dobrze wyrośnie i będzie sprężyste w dotyku. Na ciepłe ciasto wylać ananasa. Pozostałe składniki sosu podgrzać w małym rondlu na małym ogniu, ciągle mieszając, aż składniki dobrze się połączą, nie doprowadzając mieszaniny do wrzenia. Polać ananasem ananasem i ponownie wstawić ciasto do piekarnika na kolejne 5 minut, aż polewa będzie złocista. Pozostawić do wystygnięcia na blaszce na 10 minut, następnie przełożyć na metalową kratkę do wystygnięcia przed pocięciem na batony.

Batony ananasowo-kokosowe

przed 20

1 jajko

100 g / 4 uncje / ½ szklanki cukru pudru (bardzo drobnego)

75 g / 3 uncje / ¾ szklanki mąki zwykłej (uniwersalnej)

5 ml / 1 łyżeczka proszku do pieczenia

szczypta soli

75 ml / 5 łyżek wody

Do dressingu:

200 g / 7 uncji / 1 mała puszka ananasa, odsączonego i posiekanego

25 g / 1 uncja / 2 łyżki masła lub margaryny

50 g / 2 uncje / ¼ szklanki cukru pudru (bardzo drobnego)

1 żółtko

25 g / 1 uncja / ¼ szklanki suszonego kokosa (rozdrobnionego)

5 ml / 1 łyżeczka esencji waniliowej (ekstrakt)

Jajka i cukier ubić na gładką i jasną masę. Dodawać mąkę, proszek do pieczenia i sól na zmianę z wodą. Wlać do natłuszczonej i oprószonej mąką formy do pieczenia (forma do pieczenia) i piec w nagrzanym piekarniku w temperaturze 200°C/400°F/gaz gazowy 6 przez 20 minut, aż dobrze wyrośnie i będzie sprężyste w dotyku. Na ciepłe ciasto wylać ananasa. Pozostałe składniki sosu podgrzać w małym rondlu na małym ogniu, ciągle mieszając, aż składniki dobrze się połączą, nie doprowadzając mieszaniny do wrzenia. Polać ananasem ananasem i ponownie wstawić ciasto do piekarnika na kolejne 5 minut, aż polewa będzie złocista. Pozostawić do wystygnięcia na blaszce na 10 minut, następnie przełożyć na metalową kratkę do wystygnięcia przed pocięciem na batony.

śliwkowe ciasto drożdżowe

Kończy 16 lat

15 g świeżych drożdży lub 20 ml / 4 łyżeczki suszonych drożdży

50 g / 2 uncje / ¼ szklanki cukru pudru (bardzo drobnego)

150 ml / ¼ pkt / 2/3 szklanki ciepłego mleka

50 g roztopionego masła lub margaryny

1 jajko

1 żółtko

250 g / 9 uncji / 2 ¼ szklanki mąki zwykłej (uniwersalnej)

5 ml / 1 łyżeczka drobno startej skórki cytryny

675 g śliwek, pokrojonych na ćwiartki i wypestkowanych (bez pestek)

Cukier puder (cukierniczy), przesiany, do posypania

Mielony cynamon

Drożdże wymieszać z 5 ml / 1 łyżeczką cukru i odrobiną letniego mleka i odstawić w ciepłe miejsce na 20 minut, aż zaczną się pienić. Pozostały cukier i mleko ubić z roztopionym masłem lub margaryną, jajkiem i żółtkiem. W misce wymieszaj mąkę i skórkę z cytryny, a pośrodku zrób wgłębienie. Stopniowo dodawaj mieszankę zakwasową i masę jajeczną, wyrabiając gładkie ciasto. Ubijaj, aż ciasto będzie bardzo gładkie, a na powierzchni zaczną tworzyć się bąbelki. Delikatnie wciśnij do wypełnionej i natłuszczonej kwadratowej formy (formy) o średnicy 25 cm. Na cieście ułożyć razem śliwki. Przykryj naoliwioną folią spożywczą (folią) i odstaw w ciepłe miejsce na 1 godzinę, aż podwoi swoją objętość. Wstawić do piekarnika nagrzanego do 200°C/400°F/gaz 6, następnie natychmiast zmniejszyć temperaturę piekarnika do 190°C/375°F/gaz 5 i piec przez 45 minut. Zmniejsz temperaturę piekarnika ponownie do 180°C/350°F/stopień gazu 4 i piecz przez kolejne 15 minut, aż ciasto będzie złociste. Gdy ciasto jest jeszcze gorące, posyp je cukrem pudrem i cynamonem, ostudź i pokrój w kwadraty.

Amerykańskie batoniki dyniowe

przed 20

2 jajka

175 g / 6 uncji / ¾ szklanki cukru pudru (bardzo drobnego)

120 ml / 4 uncje / ½ szklanki oleju

225 g dyni, ugotowanej i pokrojonej w kostkę

100 g / 4 uncje / 1 szklanka mąki zwykłej (uniwersalnej)

5 ml / 1 łyżeczka proszku do pieczenia

5 ml / 1 łyżeczka mielonego cynamonu

2,5 ml / ½ łyżeczki sody oczyszczonej (soda oczyszczona)

50 g / 2 uncje / 1/3 szklanki sułtanek (złotych rodzynek)

Lukier sernikowy

Jajka ubić na jasną i puszystą masę, następnie dodać cukier, olej i dodać dynię. Wymieszaj mąkę, proszek do pieczenia, cynamon i sodę oczyszczoną, aż dobrze się połączą. Dodaj sułtanki. Przełóż mieszaninę do oprószonej mąką i natłuszczonej formy do szwajcarskich muffinów o wymiarach 30 x 20 cm (12 x 8) i piecz w nagrzanym piekarniku w temperaturze 180°C / 350°F / gaz 4 przez 30 minut, aż wykałaczka wbita w środek będzie sucha. wychodzi czysto. Pozostawić do ostygnięcia, posmarować polewą serową i pokroić w batoniki.

www.ingramcontent.com/pod-product-compliance
Lightning Source LLC
Chambersburg PA
CBHW071901110526
44591CB00011B/1498